양종기 박사의 경제이야기 9

한국 금융시장 및 금융기관의 불안정과 비효율

도서출판 원

머 | 리 | 말

한국 금융은 선진국 금융과 무엇이 어떻게 다를까? 한국 금융시장과 금융기관의 안정성과 효율성은 충분히 발휘되고 정상적으로 작동하고 있는 것일까. 한국 금융은 지금도 여전히 관치금융과 정부 개입이 활개 치며 다니고 있다.

한국 금융은 비리와 유착관계, 인맥 형성, 정치적 결탁 속에서 움직이는 사건이 허다했고 비일비재하다. 부정부패와 비리가 판치는 한국 사회가 만들어 내고 있는 금융경제의 활동성과에 대해 국민들은 어떻게 평가하고 있을까? 한국금융의 불안정 및 비효율성은 경제활동과 밀접한 상호 의존관계에 있다.

한국 금융의 효율과 안정 측면에서 볼 때에도 특정 정치집단이 권력기관에 들어설 때마다 집권한 정부의 개입과 결탁 속에서 금융기관간의 상호 거래가 이루어지는 현상을 흔하게 봐 왔다. 한국은 1945년 해방 이후 지금까지 70년 동안 소위 진보정권 10년 집권과 60년 보수정권이 통치하고 있는 나라이다.

한국의 금융경제는 70년이 지났는데도 아직도 여전히 식민지 유산이 남아 있고 이승만의 독재 집권, 박정희-전두환-노태우 등 군부가 30년 이상 철권 통치했던 정부들이 만들며 형성해 온 현실이다. 특히 독재 군부가 장기 집권하면서 운영해 온 한국경제는 파행적인 구조화가 뿌리 깊이 박힌 시기이기도 했다.

오늘날 문제되고 있는 한국의 금융 불안과 비효율성도 모두 과거의 역사적인 유산에서 쌓인 적폐지만 이 모든 금융 병폐들을 한국경제 전반에서 바라보고 미시－거시적인 접근법으로 분석하는 것은 당연하다. 한국 금융의 안정성과 효율성 여부는 여전히 신흥국 처지에서 따져 보아야 하는 실정이다.

본서는 한국 금융의 안정성과 효율성에 초점을 맞추어 집중적으로 살펴보고 있다. 본서는 금융 현상에 대해 보도한 기사를 중심으로 논의하고 있다.

2016년 3월

일산, 자택에서

차 례

1. 금융경제의 분석 논리

금융경제의 분석 논리는 경제변수들의 상호 균형과 자유 경쟁이 지배하는 시장질서의 관점에서 접근한다. 시장경제는 균형과 자유경쟁의 기반에서 움직인다. **시장경제질서는 철저한 자유경쟁 속에서 움직일 때 균형에 따라 조화를 이루는 경제이다.**

치열한 경쟁이 지배하는 시장경제는 엄격한 법질서 준수와 집행이 실천되는 사회적 조건이 갖춰져 있을 때 정상적으로 제 기능을 발휘하며 작동한다.

오늘날 선진국의 시장경제는 자유경쟁과 균형을 지탱할 수 있는 법과 제도 및 엄격한 집행이 받쳐주는 가운데 부단한 자본축적을 통해 지속적으로 성장하며 걸어 왔다.

한 나라의 시장경제구조는 시간이 흐르며 역사적으로 구조적인 환경을 만들어가며 형성된다. 그래서 나라마다 역사적 배경을 갖고 있기에 시장경제의 구조도 서로 다른 모습을 띠기 마련이다. 불행하게도 한국금융 경제는 대부분 정부와 민간경제 사이에 정경유착 관계 속에서 전 영역에 걸쳐 자라며 성장해 왔다.

미국, 독일, 스위스, 일본 등의 시장경제는 제각기 자기 나름대로 독특한 시장 환경을 만들었다. 이들 국가들에서 공통적으로 나타나고 있는 특징은 금융기업들의 경제력이 강하고 자율적이며 자유 경쟁적인 시장경제를 구축했다는 점이다. 금융기관들도 일반기업들처럼 자율적이고 자발적으로 강력한 국제경쟁력을 내부적으로 키우며 성장해 왔고 전문적으로 특화한 금융기업들이다.

미국, 독일, 스위스 등의 강한 국제경쟁력을 갖춘 많은 민간 금융기관들은 높은 세율과 복지비용 부담에도 불구하고 수천 가지의 다양한 금융상품을 창출하며 진화하고 있다. 선진국의 금융기관들은 기관들끼리 상호 경쟁하며 경쟁력을 키운다.

강한 국제경쟁력을 갖춘 금융기관들은 정부 개입을 최소화한 상태에서 경쟁한다. 선진국의 금융기업들은 직접적으로 공적 지원이나 혜택을 받지 않는다. 금융기관들은 정부 개입 없이 독자적으로 눈부신 창조력과 혁신을 발휘하며 인적 물적 자원과 금융자본을 효율적이며 안정적으로 적재적소에 배분하고 있다.

선진국의 금융기관들은 모두 동등한 자유 경쟁적인 조건에서 상거래 하는 가운데 금융기관과 금융시장은 효율성과 안정성을 정부 간섭 없이 발휘하고 있다. 금융기관들과 금융시장은 모두 동등한 경쟁조건에서 상거래가 이루어지는 동안 정부는 경쟁 촉진적인 제도적 조건 형성에 부단히 노력한다.

선진국에서는 정부, 공공기관, 금융기관, 고객 등 모든 경제주체들은 주어진 법과 제도, 규칙을 엄격히 준수하며 정상적인 질서 속에서 거래하고 동등한 법률적 보호 속에서 움직인다.

선진국의 사법기관은 엄격한 법집행을 가차 없이 무차별 하게 적용한다. 정경유착은 상상할 수 없다. 정경유착 사건이 불거지면 가차 없는 형벌과 법 집행이 가해진다. 그러나 한국 금융은 선진국의 금융세계처럼 움직이고 있는 것일까.

이 물음에 대해 부정적으로 대답할 수밖에 없는 것이 한국의 금융 현실이다. 따라서 **한국 금융경제 역시 경제논리와 시장원칙이 먹혀들지 않는 비정상적인 상황 속에서 움직이고 있다는 것을 인식하는 것이 필요하다**.

2. 미국의 금융 불안에 떠는 신흥국의 공포

2011년 8월 미국 신용등급 강등 후 폭풍으로 세계 금융시장이 대혼란에 빠져들면서 2008년 금융위기, 1997년 외환위기의 악몽이 다시 고개를 쳐들었다. 폭락하는 주가, 치솟는 환율, 외국인 자본 이탈. 겉으로 드러난 모양만 보면 위기가 코앞인 듯했다.

당국은 패닉 상태의 증시 투자자들을 안심시키고 금융시장 동요를 막기 위해 애쓰지만 속수무책이었다. 심리가 심히 위축됐다.

정부는 우리 경제의 기초가 과거에 비해 탄탄해 졌고 외환보유액도 충분한 실탄을 확보하고 있기 때문에 위기는 없다고 자신하지만 시장은 불안한 변동을 보였다[세계일보, 2011.8.9.].

2011년 미국 재정파탄으로 촉발된 글로벌 금융위기와 2008년 미국 발 글로벌 금융위기는 여러 모로 비슷하다. 우선 사태의 진원지가 미국이라는 점이 같다. 미 경기 둔화에 따른 세계경제 위축이 공포의 대상으로 떠올랐다는 점에서도 같다.

일본과 유럽의 성장이 불확실 하고, 구원투수로 기대됐던 중국마저 산업생산 증가율이 꺾인 2008년 상황과 견줘보면 놀랄 정도로 유사하다. 미국과 유럽은 재정위기에 발목 잡혀 저성장을 거듭하고 있고, 일본은 대지진 복구에 여념이 없는 상태다. 중국은 물가상승을 억제하려고 긴축정책을 유지하고 있는 형편이다.

1997년 외환위기는 원인과 규모 면에서 미국 발 글로벌 금융위기나 이번 사태에 비할 바는 아니지만, 1997년 11월~1998년 3월 외국자본이 214억 달러나 빠져나가면서 우리나라 금융시장이 커다란 충격과 혼란에 빠진 점에서 매우 유사하다.

그 여파로 실물경제의 성장도 수년을 되돌려 놓았다. 외환위기가 아시아에 국한된 지엽적 문제였다면 이번 사태는 글로벌 금융위기와 같은 전 세계적인 문제로 확산된 점에서 다르다.

미국 발 글로벌 위기가 한국에 현실화할 것인가 걱정한다. 정부는 위기는 없다고 호소하고 있다. 시장이 너무 과민하게 반응하는 것 같다고 말한다. 그 이유로 우리 경제가 외환보유액, 외채구조, 금융기관 건전성 등에서 건전한 경제금융 시스템을 갖추고 있는 점을 든다.

우선 외환보유액은 1997**년 외환위기 당시** 204**억원,** 2008**년 금융 위기 당시** 2432**억원에 불과했다. 그러나 현재는** 3045**억원에 달한다. 위기의 뇌관으로 꼽히는 만기 1년 미만의 단기외채도 과거** 47.2~43.4%**에서 지금은** 38.2%**로 뚜렷이 개선됐다.**

그러나 금융기관 건선성은 믿어도 되나? 그 단적인 예로 저축은행 사태가 잘 보여주고 있다. 아무튼 세 가지만 믿고 한국경제에 위기가 오지 않을 것이라고 믿는다면 순진한 생각이다.

한국경제에 고질적인 문제들이 뿌리 박혀 있기 때문이다. 그것은 곧 한국 금융시장은 왜 이처럼 대외악재에 민감하게 음직인가를 다음 사례를 보면 알 수 있다.

- 위기 때마다 위협받는 아시아 제조업의 동요와 혼란

한국과 일본의 공업 생산이 예상치를 밑도는 저조한 결과를 보이고 싱가포르와 필리핀 국내총생산(GDP)도 급격한 마이너스 성장을 나타내고 있으며 중국과 인도의 제조업 지표도 실망스러운 모습이다[월스트리트저널, 아시아투데이, 2011.9.1.].

한국과 일본의 공업 생산 실적이 저조했다. 아시아 제조업이 미국과 유럽의 영향으로 성장 동력을 상실했다. 일본의 7월 공업 생산 규모는 시장 예상치인 1.5%를 크게 밑돌았다.

한국의 광공업 생산도 5월(1.7%), 6월(0.9%)의 상승세가 하락세로 반전했다. **싱가포르와 필리핀도 미국 발 신용 위기로 GDP가 위험 수준에 다다랐다.**

미국경기가 침체하면 싱가포르는 2011년~2013년 기간에 GDP가 최대 4.1%까지 줄어든다. 싱가포르의 2분기 GDP도 전 분기 대비 7.8% 감소하며 급격한 마이너스 성장률을 보이고 있다.

필리핀 2분기 GDP는 시장 예상치인 4.1%에 못 미치는 3.4% 상승했다. 현재 필리핀의 성장 폭은 점차 줄어들고 있다. 아시아 제조업 위기는 중국과 인도의 제조업에서도 나타나고 있다. 최근 구매력이 계속 떨어지고 있다.

아시아 지역의 제조업 경기가 악화된 것은 긴축 정책 탓이지만 중국 당국은 물가 상승 압력을 고려해 긴축 강도를 높이고 있다. 여기에다 임금 인상 요구와 원자재 값 상승이 어려운 중소기업들의 발목을 잡고 있다. 인도는 2011년도 경제성장 전망을 8.2%로 낮추었다.

- 글로벌 금융 불안에 떠는 외화유동성 경색

글로벌 금융시장이 심히 불안할 때 국내 외화 유동성이 급격히 이탈할 가능성이 있다. 가장 대표적인 예가 최근 벌어진 미국 신용등급 강등과 유럽 재정위기 등의 쇼크는 한국 증시를 초토화 시켰다. 연일 폭락 장세를 맞았던 우리증시에서는 외국인이 5조원 이상을 순매도했고, 채권 보유 잔액도 2조원 이상 줄어들었다.

낙폭장의 표면적인 이유는 미국과 유럽의 재정위기에 있지만 가장 직접적인 원인은 갑자기 매도로 돌변한 외국인의 반응이었다. 이들의 한국 탈출(Exit Korea) 러시가 직격탄을 날렸다[세계일보, 2011. 8.15].

우리 금융시장에서 외화유출관련 지표들이 우려스러운 징조들이 나타났다. 단기 외화자금 사정의 대표적 지표인 3개월 스와프 포인트[주1]는 계속 낮아졌다. 신용부도 스왑(CDS)[주2] 프리미엄도 지난 12일 140bp기록(1bp=0.01%) 작년 6월11일 이후 최고치까지 올랐다.

2011년 글로벌 금융위기에서 한국경제는 급속한 외화유출 우려가 컸다. 프랑스는 2011년 7월말 현재 원화채권 보유잔고가 4조원에 달하며, 프랑스의 한국 신용위험 노출액은 227억 유로, 원화로 35조

주1) 스와프 포인트란 외국인이 국내 은행에 일정 기간 달러를 맡기고 원화를 빌리는 비용이다.

주2) CDS는 채권을 발행한 기업이나 국가가 부도를 내더라도 원금을 돌려받을 수 있도록 보장한 파생상품으로, 위험도가 높아질수록 프리미엄이 커진다.

원에 달했다. 프랑스 자금이 한국을 이탈하기 시작하면 상당한 충격이 있을 수 있다. 프랑스 자금이탈로 시작해 유럽계 자금까지 동반 이탈 현상이 벌어지면 한국 채권금리 상승, 환율 상승을 크게 자극할 수 있다.

세계주가의 폭락이 잦아지고 세계경제 성장 하향이 본격화되면서 유럽 재정위기가 확대되면 유럽 계 금융기관을 중심으로 급격한 자금회수가 일어날 수 있다. 최근 유럽의 주요 은행들에 대한 시장의 우려가 불거지고 일부 유동성에 문제가 발생하면서 향후 시장 악화에 대비하기 위한 유럽 은행들의 단기유동성 확보에 경쟁적이 될 경우, 또 한 번 신용경색이 심화될 수 있다.

2011년 글로벌 금융위기의 재발은 없겠지만 한국 외화유동성이 악화될 가능성은 충분하다. 미국에 이어 유럽 국가들의 신용등급이 하향 조정되면 선진국 투자자들이 신용 위험을 피해 유동성 확보에 나서면 한국이 가장 먼저 민감하게 위기에 노출될 수 있다[세계일보 2011.8.15].

- 대량 자본유출 위험에 따른 금융 불안

한국 정부와 은행들의 신용위험이 높아지면 외국인의 주식 매도세가 거세진다. 외국인들은 연속 국내 주식을 내다 판다. 2011년 11

월 들어 외국인은 3조6천억원 가량 순매도했다. 이로써 외국인의 올해 주식 순매도액은 10조원을 넘어섰다.

외국인의 순매도 규모는 월간 단위로 지난 8월에 이어 두 번째, 연간으로는 금융위기가 몰아쳤던 2007~2008년 다음으로 많았다. 외국인은 채권시장에서도 이달 들어 1480억원 순매도로 돌아섰다. 외국인 자금이 빠져나가면서 원·달러 환율은 1160원 선으로 급등했고 코스피는 1800선으로 급락했다. 앞으로 유럽불안이 계속되면 환율이 높이 오르고 코스피는 급락할 것이다.

한국경제는 무역의존도와 순외채(총외채-대외채권) 비중이 높아 신용지표와 금융시장이 대외변수에 취약하다. 특히 단기외채가 많아 세계 금융시장이 불안해질 때마다 환율이 민감하게 반응한다. 2008년 글로벌 금융위기 이후 원·달러 환율의 변동성은 22.1%로 세계 주요 통화의 평균 변동성(13.6%)을 크게 상회했다.

최근 유럽 발 재정위기 국면에선 유로화보다 등락 폭이 컸다. 코스피의 변동성도 역시 지난 8~9월 아시아권에서 가장 높았다. 당장 필요한 단기처방으로는 외환보유액 대비 49.2%에 이르는 단기외채를 축소하고 외국인 자금의 과도한 유 · 출입을 막을 장치를 준비하는 수밖에 없다[국제금융센터/한겨레, 2011.11.27].

한국의 국가부도 위험도를 나타내는 신용부도스와프(CDS) 프리미엄주3)이 최근 1년 새 최저 수준으로 떨어졌다. 신인도가 개선되면 낮아지는 외평채가산금리(2019년 만기)도 2010년 4월 이후 가장 낮았다.

한국 국채(5년물)의 CDS 프리미엄(23일 기준)은 102bp(1bp=0.01% 포인트)로 최근 1년 이래 최저치를 기록했다. 한국 채권의 CDS 프리미엄은 2010년 말 96bp에서 지난해 말 161bp로 상승했다가 올해 1월 9일 171bp로 최고점을 찍고 하락하고 있다.

외평채가산금리주4)는 지난 22일 79bp까지 떨어져 2010년 4월28일(77bp) 이후 최저치를 나타냈다. 전날에는 80bp로 소폭의 변화를 보였다[헤럴드경제=신창훈 기자, 2012.8.24./금융감독원/국제금융센터].

- 통화 스와프 계약 체결에 의존하는 금융안정망

한국은 원화를 활용해 호주와 5조원/50억 호주달러(약 45억 미국달러) 상당의 통화 스와프 계약을 체결했다. 이로서 제2의 외환 안

주3) CDS 프리미엄은 채권을 발행한 기업이나 국가가 부도났을 때 손실을 보상해주는 파생상품인 CDS에 붙는 일종의 가산금리다. 이 수치가 떨어지면 발행주체의 부도 위험이 그만큼 낮아진다는 걸 의미한다.

주4) 외평채가산금리는 국제금융시장에서 유통되는 한국 정부 채권의 수익률로 미국 재무부 채권에 대한 가산금리로 표기되며 신인도가 개선될수록 낮아진다.

전망을 구축했다. 그동안 미국, 일본과 달러화를 매개로 통화 스와프를 맺거나 인도네시아, 말레이시아 등 자원 부국과 자국 통화 스와프를 맺었다.

호주와의 통화 스와프는 미국 달러화에 대한 의존도를 낮출 수 있고 향후 원화를 국제화하는 기여할 것으로 보인다. 호주달러는 글로벌 외환시장에서 거래 비중이 5위를 차지한다. 호주달러는 기축통화는 아니지만 국제적으로 활발하게 통용되는 국제통화다.주5)

호주는 자원부국으로, 국내총생산(GDP)도 1조5천400억달러(2012년 기준)에 달해 세계 12위를 차지했다. 한국보다 3계단 높은 수준이다. 양호한 재정건전성 등에 힘입어 국가 신인도도 무디스, S&P 등 국제신용평가사로부터 최고 등급을 부여받고 있다.

호주는 또 한국의 주요 교역 상대국이다. 지난해 양국의 무역규모는 약 300억 달러 수준이었다. 이중 최대 45억달러 규모의 교역을 한국은 원화로, 호주는 호주 달러화로 한다고 하면 단순 계산해도 달러화 변동에 따른 환위험이 15%는 줄어드는 효과가 있다. 이

주5) 세계 외환거래 가운데 미국 달러화는 87%로 1위였고 유로화(33.4% · 2위) 일본 엔화(23.0% · 3위), 영국 파운드화(11.8% · 4위)에 이어 호주 달러화(8.6%)는 5위를 차지했다[2013년 4월 기준, 국제결제은행(BIS)]. 호주 달러는 전 세계 외환보유액의 1.7%를 차지했다. 미국 달러, 유로화, 파운드화, 엔화, 캐나다 달러에 이어 6위다[2013년 3분기 기준, 국제통화기금(IMF)의 외화 보유액 통화별 구성 보고서(COFER)].

렇게 되면 양적완화 축소 등 대외경제 여건에 따라 달러화 가치가 요동을 쳐도 양국 간 실물 거래는 영향을 덜 받게 된다.

통화스와프 자금으로 무역 결제를 해도 기업의 환 리스크가 완전히 제거되는 것은 아니지만 미국 달러화 결제 시 와는 달리 양국 기업 중 한쪽은 환리스크를 부담하지 않는 장점이 있다[서울=연합뉴스 박수윤 기자, 2014.2.23].

- 부실 가계부채에 위협받는 금융 불안

전 세계 국가들 중에서 개인 빚, 기업 빚을 통 채로 갚아주거나 부분적으로 지원해주는 나라는 한국이 유일한 나라일 것이다. 국민경제의 성장과 발전은 개인 빚, 기업 빚, 공기업 및 국가 빚까지 수단 방법을 가리지 않고 갚아주며 연명해 가는 나라로 정착할지 모른다[한국경제 장창민 기자, 2013.11.16].

금융위원회와 금융감독원, 신용회복위원회, 자산관리공사(캠코) 등을 통해 자신의 빚을 줄인 사람은 약 66만명에 달한다. 행복기금 혜택을 본 사람도 많다. 지난달 말까지 접수한 결과 18만9000명이 채무 조정 혜택을 보게 됐다. 행복기금은 지난달 말 개별 신청이 끝났지만 일괄 매입을 통한 채무 조정이 계속 이뤄져 연말까지 수혜자가 최대 20여만명에 달할 것으로 예상된다.

제2금융권에서 고금리 대출을 받은 사람을 대상으로 낮은 금리의 은행 대출로 갈아타게 해주는 바꿔 드림 론의 경우엔 지난달까지 5만2340명이 혜택을 봤다. 미소금융(2만2500명), 햇살론(17만1000명), 새희망홀씨(13만9000명) 등 대표 서민금융 상품 수혜자도 계속 늘고 있는 추세다.

신용회복위원회의 사전채무조정(프리워크아웃)과 개인워크아웃도 대상이 확대되면서 수혜자가 지난달 말까지 7만2000명에 이른다. 은행권 자체 프리워크아웃 등을 통해 빚을 줄인 사람도 2만여명에 달한다. 금융당국은 현재와 같은 추세로 볼 때 연말까지 각종 서민 채무 조정 혜택을 받은 사람이 70만명가량에 달할 것으로 추산하고 있다.

빚을 탕감 받는 사람들이 늘면서 서민의 경제적 부담을 덜어준다는 긍정적 효과는 있지만 도덕적 해이는 정권이 새로 들어설 마다대 국민 공약으로 치장할 것이다. 국민들 속에는 돈을 갚지 않아도 된다는 인식이 확산될 것이고 거시경제와 금융경제는 왜곡될 것이다. 이러한 악순환은 금융 불안요소를 뿌리 깊이 심어놓은 것이다. 정부가 구조화시키고 있는 것이다.

- 금리 상승 위험에 떠는 가계부채

지난해 명목 금리는 역대 최저 수준이었지만 물가 상승분을 감안한 실질 대출 금리는 6년 만에 최고로 높았다. 이는 자산보다 부채가 많은 저소득 계층에는 더욱 부담을 준다. 2013년 예금은행의 평균 명목 대출금리(한국은행의 가중평균 금리 신규취급액 기준)는 연 4.64%로 전년(5.40%)보다 낮아졌다.

그러나 명목 대출 금리에서 소비자물가 상승률을 뺀 실질 대출 금리는 3.20%에서 3.30%로 올라갔다. 실질 대출 금리는 2011년 1.80%를 저점으로 2년 연속 올라 작년에 2007년(4.10%) 이후 최고 수준을 기록했다. 이는 작년에 연평균 소비자물가 상승률이 금리보다 더 가파르게 떨어졌기 때문이다[서울=연합뉴스 경수현 고유선 기자, 2014. 2.23].

대출 유형별로도 별 차이가 없다. 주택담보 대출은 2011년 0.92%에서 2012년 2.43%, 지난해 2.56%로 실질 금리가 올랐으며 소액대출도 같은 기간 2.67%, 4.40%, 4.65% 등으로 상승했다.

작년 말 은행 대출이 있는 채무자의 잔액 기준 실질 대출 금리도 3.42%로, 2012년말(3.11%)이나 2011년말(2.01%)보다 높다. 잔액기준 연말 실질 대출 금리도 2007년말(4.66%) 이후 최고치다. 이 기간 연평균 소비자물가 상승률은 연도별로 4.0%→2.2%→1.3%로 낮아졌다.

이에 따라 은행의 예금금리나 시장금리도 실질 기준으로는 비슷한 추세를 보였다. 정기예금의 실질금리(신규 취급액 기준)는 2011년 마이너스(-0.31%)에서 2011년 플러스(1.23%)로 전환하고 작년에는 1.40%로 상승했다. 시장금리(국고채 3년물 기준)도 같은 기간 -0.30%에서 0.93%, 1.49%로 높아졌다. 저금리이지만 저물가 덕분에 예금액이 많은 자산가는 기대보다는 나쁘지 않은 이자를 받는 셈이다.

문제는 빚만 지고 있거나 금융자산보다 부채가 훨씬 더 많은 저소득층이다. 저물가로 나타나는 이례적인 상황이기는 하지만 빚이 많은 계층에는 불리할 수밖에 없다. 미국의 양적완화 축소 등으로 향후 시중금리가 오르는 시기에는 채무자들의 부담이 더 커질 것이다.

지금의 금리 수준 자체는 높지 않으므로 이자 부담이 크지 않는 것처럼 보이지만 소득이 느리게 오르고 소득분배가 확대되며 저소득계층이 늘어나는 상황에서 시중 금리가 오를 때에는 은행이 예금보다 대출 금리를 먼저 올릴 것인 만큼 부채가 많은 가계 특히 저소득 가계는 부담이 커질 것이다.

금리부담은 일반사람들이 알아차리지 못하는 사이 소득분배를 망가트리고 서민계층의 경제생활을 어렵게 만들 것이다. 결국 잠재 불안요소로 자리 잡을 것이다.

3. 실물경제의 불안이 금융 불안을 부른다.

실물경제의 불안은 금융 불안을 야기하고 국민경제를 위협한다. 글로벌 장기 침체가 계속되면서 최근 들어 조선과 자동차, 도·소매 업종의 부실위험기업이 부쩍 늘어났다. 또 최근 5년간 만성적 한계기업의 수와 비중도 증가세를 보였다.

우선 이자보상비율과 유동성 비율을 기준으로 2014년 이후 부실위험기업의 비중은 전체적으로 완만한 감소세지만 조선과 건설, 전기전자, 철강 업종은 부실위험기업 비중이 상대적으로 높았다[서울=연합뉴스 김지훈 기자, 2015.10.13 / 한국은행; 금융통화위원회 의사록; 최근 거시 금융 안정 상황 점검].

또 올해 들어서 조선과 자동차, 도·소매 업종에서 부실위험기업의 비중이 커졌다. 영업이익으로 이자도 감당하지 못하는 상태가 지속되는 만성적 한계기업의 수와 비중도 최근 5년간 늘어났다.

한계기업주6)이 몰려 있고 과잉투자가 집중된 산업으로는 건설, 철강, 조선, 해운, 석유화학 등 을 꼽고 있다. 대기업의 한계기업 비중이 지난해 14.8%까지 이르는 등 급증해 중소기업 내 한계기업 비중(2014년 15.3%)에 육박하고 있다[파이낸셜뉴스 김승호 박소연 기자, 2015.10.13].

지난해 한계기업은 3295**개로 글로벌 금융위기 직후인** 2009**년의** 2698**개보다** 597**개**(22.1%) **증가했다.** 목숨만 붙어있는 기업이 크게 늘어나며 산업 재편이 지지부진해지고 결국은 잠재성장률 하락으로 이어진다[한국은행].

금융부문에 대해서는 가까운 시일 내에 시스템 리스크가 현실로 나타날 가능성은 크지 않다고 한국은행은 평가했다. 특히 스트레스 테스트를 통해 점검한 결과 미국 금리 인상과 중국 경기둔화 등 대외충격이 발생해도 국내 은행의 자본이나 외화자금이 급격히 부족해지는 등의 문제는 없을 것으로 추정됐다.

다만 증권사는 최근 채권 운용현황에서 고객 상품과 자기자본 투자 모두 신용등급이 낮은 채권의 비중이 커졌다. 은행은 저금리와 낮은 생산성, 핀테크 등으로 어려움이 커지고 보험사는 역마진 확

주6) 한계기업은 이자보상비율이 3년 연속 100%에 미달하는 기업을 말한다.

대, 증권사는 과도한 경쟁 등으로 수익성이 악화될 수 있다는 것이다[서울=연합뉴스 김지훈 기자, 2015.10.13.].

실물경제에서 다수의 한계기업이 출현하면 금융기관의 경영불안정과 금융시장의 불안이 급속히 확산될 수 있고 특히 민감한 주식시장에서 주가급등락과 자본유출 등을 야기할 수 있다.

4. 환율 전쟁에 갇힌 한국 금융의 불안과 불확실성

오늘날 경제는 모든 나라들이 개방경제 상태에서 금융상품과 노동력 그리고 일반 제조상품을 거래하는 상황이 됐다. 특히 금융상품은 각국 사이에 분초를 다투며 순식간에 거래되며 거대한 자금이 국제적으로 이동한다.

한국은 신흥국 가운데에서 가장 많이 개방된 나라이다. 한국은 특히 대외쇼크에 가장 민감하게 반응하는 나라이다. 한국은 주가나 환율의 변동성이 매우 높은 나라이다. 최근 한국 경제는 환율 전쟁 속에 갇혀 있는 신세에서 헤어 나오지 못하고 있다.

2015년 9월 22일은 미국 · 일본 · 영국 · 프랑스 · 독일 등 선진 5개국 재무장관들이 1985년 9월 22일 미국 뉴욕의 플라자호텔에 모여 시장 개입을 통해 달러 가치를 인위적으로 떨어뜨리고, 일본 엔화와 독일 마르크화의 가치는 높이기로 한 '플라자 합의'가 이뤄진 지딱 30년 되는 날이다.

당시 철강 · 자동차 · 전자 · 섬유 등 거의 모든 산업 분야에서 미국 시장을 잠식하며 미국과 통상 마찰을 일으켰던 일본은 무역 · 재정 쌍둥이 적자를 해소해야 한다는 미국의 요구를 받아들였다.

그 결과 **미국의 경쟁국이던 일본과 독일의 통화 가치가 급등했다. 플라자 합의 후 2년간 달러 대비 엔화 값은** 50%, **독일 마르크화는** 30% **급등했다**.

플라자 합의가 가능했던 건 미국의 호소와 함께 미국 경제가 망가지면 세계경제에도 악영향을 미칠 것이라는 G5**의 책임감이 작용했다**.

현재 글로벌 경제 상황은 플라자 합의 이전과 비슷하다. 역사는 돌고 또 도는 경제국면으로 돌아왔다.

미국의 선도적인 양적 완화 정책에 한 박자 뒤 늦게 발맞추는 바람에 일본과 유럽이 앞 다퉈 자국 통화를 떨어뜨리는 양적 완화 정책 탓으로 미국경제만 나 홀로 회복되면서 지난 2**년간 달러화 가치는 엔화 대비** 20%, **유로화 대비** 17% **상승했다**.

미국은 경제 회복세에 따라 제로(0) 금리를 벗어나려다 일단 유보했다. 이러한 유보는 금리 인상 후 전개될 강(强)달러가 미국 경제에 도움이 안 될 것이란 판단도 작용한 것으로 보인다.

그 어느 시대보다 미국과 세계경제의 상호의존성이 강화된 지금 미국이 나 홀로 미국만을 위한 정책을 구사할 수 없는 상황이 된 것이다.

지금처럼 주요국들이 각자도생(各自圖生)의 환율정책을 펼칠 경우 글로벌 환율 전쟁이 더 격화될 가능성이 크지만 지금 미국은 30년 전처럼 경쟁국의 팔을 비틀어 통화 전쟁을 종식시킬 힘이 없다.

- 세계 주요국들의 통화 전쟁은 플라자 합의 이전과 비슷

미국의 금리 동결 이후 유로 존, 중국, 일본 등 경쟁국들은 저마다 다른 주판알을 튕기며 대응책 마련에 부심하고 있다.

미 연준이 금리 인상을 연기한 가장 큰 이유로 중국 등 신흥국의 경기 불안을 내세웠지만 금리 인상이 달러화의 가치 상승으로 이어지고, 이것이 회복세를 보이고 있는 미국 경제에도 충격을 줄지 모른다는 우려가 크게 작용했을 것으로 보고 있다.

세계금융시장은 금리 동결 이후 유럽중앙은행(ECB)이 유로화의 강세 전환을 막기 위해, 시중에 돈을 풀어 화폐 가치를 떨어뜨리는 양적 완화 정책을 확대 시행할 수 있다.

수출 의존도가 높은 유럽 경기를 회복시키려면 유로화 약세를 유지해야 하는데 달러화의 금리 인상 유보가 유로화 가치 상승으로 이어질까 ECB가 우려하고 있는 것이다.

유럽 중앙은행은 채권 매입을 통한 양적 완화 프로그램을 당초 예정된 2016년 9월 이후에도 연장할 수 있다는 것을 시사했다.

중국 역시 위안화 추가 절하 카드를 만지작거리고 있다. 장기 불황 탈출을 위해 자국 통화 가치 끌어내리기에 올인 해온 일본은 마이너스성장을 만회하기 위해 추가 양적 완화 정책을 단행할 수 있다.

일본은행은 물가 상승률이 목표에 미달할 경우 주저하지 않고 양적 완화를 할 것이라고 밝힌 바 있다. 세계 경제는 환율 움직임을 시장의 수급세력에만 방치할 수 없는 국면에 처해 있는 것이다.

5. 통화 정책은 만병통치약이 아니다.

2008년 위기 이후 통화 정책은 만병통치약이 아니다. 국제결제은행(BIS)은 최근의 금융 불안은 경제 위기의 주요 단층선을 따라 오랫동안, 점진적으로 누적된 압력이 빠지는 것이라고 진단한다.

중앙은행이 이런 뿌리 깊은 문제를 해결해 줄 것으로 시장이 기대해서는 안 된다. 단층선의 주요 원인은 중국의 성장 둔화와 달러 강세, 그리고 신흥국의 채무 급증이다[BIS; 분기 보고서/ 서울=연합뉴스 선재규 기자, 2015.9.14].

2008년 위기 이후 신흥시장이 금융 취약성에 노출돼 있다. 선진국의 이례적인 초장기, 초저금리 구도 아래에서 시장이 중앙은행의 일거수일투족에 매우 민감해졌다.

통화 정책이 세계 경제의 모든 문제점을 해결할 것으로 기대하는 것은 비현실적이며 위험하다. 특히 신흥시장의 취약성이 더욱 그렇다.

BIS는 미연준이 금리 인상을 서두르지 말도록 국제통화기금(IMF)과 세계은행이 촉구한 것과는 다른 견해를 취했다. 지금 보는 금융시장 진동은 주요 단층선을 따라 여러 해 점진적으로 누적된 압력이 빠지는 것이다. 이와 관련, 신흥 · 개도국의 달러 표시 비금융사 회사채가 많이 증가했다.

그간의 느슨한 여신 여건으로 신흥국의 달러 차입이 늘었다. 문제는 달러 자금 흐름이 역전될 때, 느슨한 신흥국의 국내 금융 여건도 바뀐다는 점이다. **금융 시장이 깊게 연계된 상황에서 미국의 통화 기조 변화가 세계 전반의 금리에도 영향을 미칠 수밖에 없다.**

이것이 환시장에도 매우 큰 영향을 미친다. 특히 세계 금융 및 실물 시장과 깊게 연계된 한국은 매우 민감하게 움직일 수밖에 없다 [서울=연합뉴스 선재규 기자, 2015.9.14].

6. 한국 채권의 외국인 보유 비중 급증

국내 채권시장에 '차이나 머니'가 급속도로 유입되면서 중국인의 비중이 미국인을 바짝 추격했다. 연내 중국이 미국을 제치고 한국채권 보유국 1위에 오를 수 있다는 전망도 나온다.

대부분이 국가기관 위주의 장기 투자성 자금이라는 점에서 중국자본의 유입은 채권시장 안정성 측면에서 긍정적으로 평가한다. 다만 중국이 국내 채권시장에서 급부상하면서 이에 대한 경계도 떠오르고 있다.

외국인 투자자의 국내 상장채권 보유액은 2015년 4월 말 현재 총 102조7170억 원으로 3월과 비교해 1430억 원 늘어났다. 2014년 11월 100조4800억 원을 기록하면서 100조원을 넘어선 이후 매달 증가하는 추세다[금융감독원].

특히 중국계 자금이 꾸준히 유입되고 있다. 올해 들어 중국인은 국내 채권에 1조9830억 원을 투자했다. 같은 기간 미국이 1710억 원을 투자한 것과 비교하면 열 배 이상이다.

미국인 채권 투자는 지난해 1조4350억 원 순유출하는 등 시장 상황에 따라 움직였지만 중국인은 지난해 8월 이후 꾸준히 투자를 유지하면서 지난해에도 2조2000억 원 순유입을 기록했다.

이에 따라 채권시장에서 미국과 중국의 비중도 바뀌었다. 중국인의 채권 보유액은 2014년 4월 13조1000억 원에서 2015년 4월 16조 7000억 원으로 늘어나 전체 외국인 채권 시장에서의 비중도 13.6%에서 16.3%로 증가했다. 같은 기간 미국인 비중이 19.5%에서 18.3%로 줄어들면서 두 나라의 격차도 2%포인트 감소했다. 이 추세가 이어지면 2015년 안에 채권보유 비중 1.2위 순위가 뒤바뀔 것이라는 전망이다.

중국인의 원화 채권 매입 추세는 앞으로도 이어질 것으로 보이며 11월에는 보유 비중 순위가 미국과 뒤바뀔 것으로 예측하고 있다. 한국채권을 사들이는 중국기관들은 주로 중국 중앙은행과 국부펀드이다.

중국의 중앙은행과 국부펀드 등 장기투자자금 위주로 채권 유입이 이어지고 있다. 이런 장기보유 투자자라는 점에서 국내 채권시장에도 긍정적으로 평가한다. 해외 경기 변동으로 급격한 자본유출에 대한 걱정은 덜 수 있다는 설명이다.

이 같은 자금 흐름은 한 · 중 관계가 좋아지고 원 · 위안화 직거래 시장까지 개설되면서 투자 유인이 더 커졌을 것이란 분석이다. 중국 중앙은행처럼 장기투자 주체의 비중이 커진 것은 시장 안정화 측면에서 긍정적이다. 다만 국내 자본시장에서 중국의 부상이라는 새로운 질서에 하루빨리 적응해야 한다는 새로운 과제를 낳고 있다 [파이낸셜뉴스, 박세인 기자, 2015.5.24.].

- 외국인 채권 보유 잔고 - 환율

보통 해외 충격이 발생하면 신흥국의 부도위험 지표가 경제 여건에 관계없이 높아지는 경향이 있는데 한국의 5년 만기 외국환평형기금채권(외평채)에 붙는 CDS 프리미엄주7)이 하락했다[서울=연합뉴스 박초롱 기자, 2014.12.16 / 국제금융센터].

주7) CDS는 채권을 발행한 기업이나 국가가 부도났을 때 손실을 보상해주는 파생상품이다. 이 상품에 붙는 가산금리인 CDS 프리미엄이 떨어진다는 것은 발행 주체의 부도 위험이 그만큼 낮아진다는 뜻이다.

최근 국제유가 하락과 러시아의 디폴트(채무불이행) 우려로 외부 충격이 올 가능성이 커졌는데도 한국의 부도위험 지표가 오히려 낮아진 것이다. 반면 일본과 중국의 CDS 프리미엄 상승했다. 아베노믹스에 대한 우려로 일본의 CDS 프리미엄은 한국보다 높아진 것이다.

또한 단기외채, 외환보유액, 경상수지 흑자 등 한국의 대외건전성 지표가 탄탄해 CDS 프리미엄이 안정적 흐름을 보이고 있다. 외국인 채권자금도 유입되는 추세이다.

외국인 보유 채권 잔고는 지난 15일 현재 98조8천553억원으로 일주일 전(99조5천969억원)보다 5천416억원 감소했다. 그러나 작년 말보다는 4조1천409억원 많은 수준이다.

한국 채권에 대한 외국인 순매수 규모도 2014년 12월 한 달 내내 높게 유지되고 있는 점을 고려하면 외국인이 한국 채권시장에 대한 우호적 시각을 유지하고 있는 것이다.

대외 위기 상황에도 원·달러 환율은 사흘 연속 강세를 나타내고 있다. 원화가치가 상승하고 있는 것이다. 서울 외환시장에서 원·달러 환율은 달러당 1,084선에 움직이고 있다. 안전자산 선호 심리가 강해져 **엔·달러 환율이 하락(엔화 강세) 하자 원·달러 환율도 여기에 동조해 움직이고 있다.**

그러나 주가는 어느 정도 가라앉았다. 코스피 1,900선이 깨질 수도 있다는 위기감이 고조되고 있지만, 2000선을 바라보며 1,900선 횡보장세를 되풀이 하고 있다. 뉴욕증시의 상황에 따라 국내 증시의 등락에 영향을 미치고 있지만 영향력은 미미한 편이다.

한국은 충분한 외화 유동성을 보유하고 있고, 금융사의 외환 건전성도 탄탄한 만큼 단기적 시장 충격에도 곧 균형을 찾을 것으로 예상한다. 그러나 외국인보유 증권자금이 들락거리고 한국금융과 환율의 급변동을 초래하면서 환국금융의 불안을 야기할 수 있다.

7. 한국 금융의 안정성은?

한국 금융의 안정성은 몇 가지 안정 조건을 갖추고 있느냐에 달려 있다. 한국 원화는 국제통화가 아니다. 한국 금융제도도 선진국을 모방했다. 따라서 미국, 일본, 스위스, 영국, 독일, 일본 등과 같은 반열에서 금융 안정성을 논의하기 어렵다. 한국 금융은 한국적인 특유의 금융제도와 관행을 주시할 필요가 있다.

한국을 포함한 **신흥국의 금융 안정은 첫째, 기초변수들의 안정적인 흐름이 가장 중요하다. 둘째는 금융시장 및 금융기관의 안정이다. 이들 두 변수는 경제의 기초체질과 밀접하게 연관돼 있다. 따라서 금융은 경제의 종합적인 시각에서 판단할 수밖에 없다.**

기초 거시변수들의 안정적인 흐름은 경제성장, 물가, 고용, 수출입 동향, 외화보유고, 대외채무, 국가채무, 가계부채, 기업부채, 외화획득 능력, 경기흐름 등을 들 수 있다.

금융시장 및 금융기관의 안정성은 자본의 이동, 금리 및 환율 등락, 신용등급, 부채 전이, 가계부채, 기업부채 등 관련변수들을 들 수 있다.

한국은 오랜 세월동안 순 채무국가 처지에 있었다. 한국은 2014년 사상 처음으로 순대외자산국이 됐다.

한국은 그동안 실물경제와 한국 기업의 국제경쟁력 확보 및 거시기초변수들의 안정 덕택으로 외국인들이 한국에 빌려주거나 투자한 돈을 모두 회수해도 남는 능력을 보여 주었다[세종 · 서울=연합뉴스 이상원 박초롱 기자, 2014.11.20].

– 한국의 대외투자와 단기외채

한국의 대외투자는 2014년 9월 1조515억 달러에 도달했다. 같은 기간 외국인의 국내 투자는 1조288억 달러였다. 내국인의 대외투자에서 외국인의 국내투자를 뺀 순 국제투자 잔액은 227억 달러로 1994년 이후 처음으로 플러스를 기록했다.

한국의 순 국제투자 잔액은 2014년 6월 -105달러로, 3개월 전까지만 해도 대외부채가 대외자산보다 항상 많은 순대외부채 국가 처지였다. 한국은 2000년부터 외국에서 받을 돈이 갚아야 할 돈보다 많은 순채권국가이다. 주식 등 투자자금까지 포함하면 '적자' 상태를 면치 못했는데, 이번에 대외투자가 외국인투자를 앞지르면서 적자를 극복한 것이다. 한은은 앞으로 1～2년 안에 순대외자산국이 될 것으로 전망했는데 그 시기가 더 빨라졌다.

그러나 한국이 순 자산국가로 전환한 것은 내국인의 해외 증권투자 등 대외투자가 늘어난 상황에서 외국인의 국내투자는 원화 가치 절하 등으로 줄어들었기 때문이다. 같은 돈을 원화로 투자하더라도 원화 가치가 떨어지면 달러로 환산한 투자액이 줄어들게 된다.

순대외채권도 2천249억 달러로 사상 최대치를 경신했다. 외국에서 빌린 돈인 대외채무가 4천291억 달러로 3개월 전보다 131억달러 줄었지만, 빌려준 돈인 대외채권은 6천540억 달러로 62억 달러 증가했다.

은행들의 차입금 상환으로 단기외채 비중도 하락했다. 대외채무 가운데 만기가 1년 이하인 단기외채는 1천261억 달러로 줄었다. 총 대외채무에서 단기외채가 차지하는 비중은 29.4%로 감소했다. 단기외채 비중은 작년 말 27.7%까지 낮아졌다가 올해 1분기 29.1%, 2분기 29.8%로 높아진 상황이었다.

단기외채 비중은 경상수지 · 외환보유액과 함께 국가의 대외지급

능력을 측정하는 3대 지표로 꼽힌다. 만기 1년 미만의 회사채, 차입금 등은 국제금융시장의 변동성이 커질 때 한꺼번에 빠져나갈 수 있는 자금으로 구분된다. 단기 대외지급 능력을 나타내는 외환보유액 대비 단기외채 비율도 1.4%포인트 줄어든 34.6%였다.

정부는 글로벌 달러화 강세 등으로 원화가치가 하락해 외채가 감소한 탓이다. 특히 단기 외채 감소로 외채 건전성 및 지급능력 지표가 개선됐다[세종 · 서울=연합뉴스 이상원 박초롱 기자, 2014.11.20/ 한국은행; 9월 국제투자대조표(잠정)].

8. 세계 실물경제 흐름은 금융경제에 큰 영향을 미친다.

(1) 저유가 영향 ― 순수출국 경상수지 및 재정수지 악화, 순수입국 경상수지 흑자 ― 원·달러 환율 하락 압박

저유가가 지속하면 한국의 연간 경상수지 흑자 규모가 1천억 달러를 넘어설 수 있을 것으로 전망한다. 또 유가의 하향 안정화가 장기화한다면 한국, 중국, 인도 등 원유 순수입국 경제는 긍정적이지만, 러시아와 멕시코 등 원유 순수출국은 경상수지와 재정수지가 동반 악화하며 글로벌 경제에 시스템 리스크를 우려한다[서울=연합뉴스 정준영 기자, 2014.12.09/ 최진호 KDB대우증권 연구원].

연평균 유가가 배럴당 104달러일 때와 65달러 안팎일 때 한국은 799억달러에서 1천117억달러로 경상흑자가 318억달러 증가됐다. 한국 경상수지는 올해 10월까지 707억달러 흑자를 내면서 지난해(811

억달러)의 역대 최대치 기록을 갈아치운다.

중국도 1천828억달러에서 2천526억달러로 흑자폭이 698억달러 불어나고 인도는 -492억달러에서 -15억달러로 축소되며, 태국은 -27억달러에서 94억달러로 흑자전환할 것으로 추정됐다.

원유 순수입국에 유가 하락은 교역조건 개선과 물가 하락을 유발한다. 수요 측면에선 소득개선 효과로 소비 증가를, 생산 측면에선 비용 감소로 생산과 투자 증가를 각각 기대할 수 있다.

반면에 원유 순수출국인 러시아는 328억달러에서 -228억달러로 적자 전환하고, 멕시코는 -259억달러에서 -396억달러로 적자폭이 늘어날 것으로 분석했다. 원유 순수출국인 베트남, 말레이시아도 경상흑자가 축소된다.

러시아는 정부의 세입 감소로 재정수지도 적자로 반전되며 쌍둥이 적자국 가능성이 크다. 멕시코는 다른 경제지표의 개선이 없으면 자금 유출이 가속화될 수 있다.

이 같은 시나리오대로 가면 유가 하락으로 인한 세계 경제의 불균형이 확대되면서 세계적인 금융 및 실물 경제 불안이 한국을 덮칠 수 있고 원·달러 환율은 계속 하락 압박을 받을 것이다.

(2) 국내외 쇼크와 한국 자본시장 불안

외국인 자금이 빠른 속도로 이탈하면 한국 자본시장이 크게 흔들린다. 유로 존 경기침체와 글로벌 달러화 강세 속에 국내 기업의 실적 부진이 더해지면서 2014년 10월 들어서만 2조원 가까운 돈이 국내를 떠났다. 환율은 불안하게 움직이며 뚜렷한 방향성을 상실한 상태다[서울=연합뉴스, 유경수 경수현 김태종 박초롱 기자, 2014.10.15].

정부는 외국인 자금이탈 속도에 촉각을 곤두세우면서 중장기 시계에서 외국인 자금을 유인하기 위해 거시건전성 3종 세트를 완화하는 방안을 검토 중이다.

외국인 투자자는 유가증권시장에서 이달 들어 14일까지 1조9천153억원어치를 순매도했다. 코스닥시장에서는 854억원어치를 순매도했다.

주식시장에서 자금이 빠져나가고 있지만 채권시장에는 외국인 투자자금 유입이 이어지고 있다. 외국인의 국내채권 투자 잔고는 작년 말 94조7천억원에서 지난 10일 현재 96조7천억원으로 2조원 증가했다.

외국인 자금의 유출 원인은 복합적이다. 먼저 외부로부터 발생한 충격 요인이 크다. 미연준의 2015년 정책금리 인상을 앞두고 시장이 선반영하려는 움직임이다. 외국인들이 한국에서 돈을 회수해 가기 쉬워 국내 주식시장은 다른 이머징 국가 주식시장에 비해 변동폭이 크게 나타난 것이다.

한국의 펀더멘털 요인도 작용했다. 대외적인 경제 불안정성과 대내적으로 경제 활성화 정책이 아직 효과를 발휘하지 하고 있는 점이다. **대외 불안요인을 극복할만한 빠른 경제회복, 기업 수익 개선 등 호재가 뚜렷하지 않다는 것이 한국경제의 한계점이다.**

따라서 주식시장의 불안을 해소하기 위한 인위적 부양책은 바람직하지 않다. 장기적인 측면에서 시장의 자생력과 효율성을 높이고 미래를 대비해 기업지배 구조를 효율적으로 바꾸는 등 근본적인 경제구조개혁이 따라야 한다.

투자 기반 확대 등 시장의 자생력과 효율성을 높여주는 쪽으로 정책 방향을 끌고 가는 게 유용하다. 이런 측면에서 기업지배구조를 효율적으로 바꾸는 정책이 중장기적으로 효력을 발휘할 수 있다. 퇴직연금, 기관투자가들이 자유롭게 투자할 수 있는 보완책이 필요하다.

또 하나 중요한 것은 제도 변화를 든다. 외국인들이 관심을 갖고 있는 것은 상법 개정안이다. 상법 개정안은 지배구조를 개선하기 위한 것인데, 정부가 이른 시일 내에 개정안이나 수정안을 국회에 상정해 논의 계기를 만들어야 한다.

(3) 전 세계 디플레이션 공포 확산과 증시 불안

전 세계에 디플레이션 공포가 확산되며 미국과 유럽의 주가가 급락하고 국채가격이 치솟는 등 금융시장이 요동치고 있다. 미국의 생산자 물가상승률이 1년 만에 마이너스로 돌아서고 영국 소비자 물가도 지난 2009년 9월 이후 최저 수준으로 떨어졌다.

이 같은 물가 하락과 판매 부진은 일자리가 늘어나도 임금 상승이 정체돼 가계의 구매 여력이 확장되지 못한 탓이다.

독일의 9월 물가도 전월과 같은 수준에 머물렀으며 영국의 9월 소비자 물가상승률은 1.2%에 그치며 2009년 9월 이후 최저 수준을 보였다. 유로존의 8월 산업생산은 전월 대비 1.8% 감소하며 올 3·4분기 마이너스 성장 가능성이 커지고 있다.

이 같은 지표가 나오자 선진국의 국채금리는 일제히 하락했다. 미국 10년 물 국채금리는 이날 개장 초반 전날 대비 20bp(1bp=%포인트) 이상 급락, 1.993%까지 떨어지며 지난해 5월 이후 처음으로 2%선을 밑돌았다. 독일 국채금리도 장중 전일 대비 0.087bp 하락한

0.75%를 기록하며 사상 최저치로 추락했다.

미국과 유럽의 증시는 크게 떨어졌다. 다우지수가 장 초반 2% 이상 빠지며 올해 2월 이후 처음으로 1만6,000선이 무너졌으며 나스닥도 2%가량 하락했다. 유럽은 하락폭이 더 컸다. 독일의 대표 지수가 2% 이상 하락했고 프랑스 · 스페인 · 이탈리아는 3% 이상 급락했다[서울경제, 이혜진기자, 2014.10.16].

전 세계 경제가 디플레이션 상황으로 강화됐다. 한국경제도 물가 하락과 경기 불안이 이어지고 있는 상황이 연출되고 중국경제도 애초 7% 대 성장 전망을 낮추고 있다. 국내외 실물경제의 불안은 국내금융경제의 불안을 야기한다.

9. 미국의 양적완화 중단은 세계경제 및 한국경제에 불안 요인?

미국의 양적 완화(Quantitative Easing · QE)는 기준금리가 제로 금리에 근접해 기준금리 인하만으로는 경기부양 효과를 기대할 수 없을 때 사용하는 비전통적 통화정책이다. 시중 통화량이 늘어나면 소비나 투자를 부추겨 경기를 살린다.

양적완화는 중앙은행이 시중의 국채나 채권을 사주는 방식으로 돈을 푼다. 그래서 QE 정책을 '대차대조표 정책'이라고도 한다. 이처럼 부채를 늘림에 따라 현재 Fed의 자산(자본+부채)은 미 국내총생산(GDP)의 25%에 상당하는 4조5000억달러에 달한다[강현철 한국경제신문 연구위원, 2014.10.31].

미 연준은 2008년 금융위기 이후 세 차례 양적 완화 정책을 시행했다. 일본정부도 경기 부양을 위해 양적 완화 정책을 시행 중이다.

이런 양적 완화에서 빠져나오는 정책이 출구전략(exit strategy)**이다. 출구전략은 △돈 풀기 중단 △푼 돈 거둬들이기 △기준금리 인상등을 동원한다. 이 가운데 중앙은행이 돈 푸는 정책을 중단하는 것을 '테이퍼링**(tapering · **자산매입 축소**)'**이라고 한다**.

Fed는 2008년 금융위기 이후 세 차례 양적 완화 정책을 시행했다. 1차는 2008년 12월 시행돼 1조7500억달러를 풀었다. 이어 2010년 11월 2차 QE를 실시해 6000억달러를, 20012년 9월 3차 QE를 통해 지금까지 1조7000억달러를 공급했다. 6년 가까이 동안 4조 달러 이상을 푼 것이다.

Fed는 9월 29일 연방공개시장위원회(FOMC) 정례회의를 통해 QE 정책의 종료를 선언했다. 더는 중앙은행의 발권력을 동원해 시중에 유동성을 공급하지 않겠다는 뜻이다. 경기를 살리기 위해 동원했던 '비상처방'을 거둬들이는 것이다.

Fed는 왜 QE 정책을 끝낸 것일까. 미국 경제가 이제 비상처방이 필요하지 않을 만큼 양호하기 때문이다. 경제가 좋아지고 있는데 천문학적으로 돈을 푸는 정책을 지속하면 자칫 경기가 과열돼 한순간에 물가가 치솟을 수 있다.

3차 QE 정책 개시 직전 1%대였던 미국의 경제성장률은 지난 1분기 한파와 폭설 등으로 인해 일시적으로 마이너스로 떨어졌다가 다시 반등해 2분기 4.6%를 기록했다. 한때 10%대를 넘었고 3차 QE 시작 당시 7.8%였던 실업률은 꾸준히 하향 곡선을 그려 지난 9월 5.9%까지 내려왔다. 정상적인 통화정책으로의 복귀 기준으로 삼은 6.5%보다 낮은 수준이다. 소비자물가도 Fed의 목표치인 2%를 넘지 않고 있다.

이런 양호한 경제지표가 QE 종료의 배경이 되고 있다. 미 연준은 최근 경제활동은 '완만한(moderate)' 속도로 확장하고 있고 노동시장도 약간 개선된 가운데 노동 자원이 충분히 활용되지 못하고 있다고 진단한다.

Fed는 지난 6월 FOMC 회의 때 QE를 점진적으로 축소하겠다고 밝힌 이후 단계적으로 푸는 돈의 규모를 줄여왔다. 매달 850억달러씩 공급하던 것을 지난해 12월 750억달러로 줄이고, 올 들어 앞서 연 여섯 차례 회의에서 매번 100억달러씩 추가로 축소했다. 그리고 이날 회의에서 남은 150억달러의 QE 프로그램을 완전히 마무리했다. **Fed가 이처럼 단계적으로 돈 공급을 줄인 것은 급격한 감축으로 야기될 수 있는 혼란을 줄이기 위한 것이다.**

하지만 Fed는 **기준금리는 상당기간**(for a considerable time) **초저금리 기조를 이어갈 것이라는 점을 분명히 했다. 대신 "경제지표**

가 Fed가 현재 예상하는 고용 및 인플레이션 목표에 더 빨리 접근한다면 금리 인상 또한 빨라질 수 있다." Fed가 QE를 중단하면서도 초저금리를 유지하겠다는 건 경제 회복 강도가 기대만큼 세진 않다는 뜻이다.

QE의 중단은 다른 나라 경제에도 큰 영향을 미친다. QE가 종료되면 세계 돈의 흐름(유동성 흐름)에 큰 변화가 생긴다.

미국이 기준금리를 올리면 신흥국에 투자됐던 달러 자금이 한꺼번에 빠져나갈 수 있다. 이렇게 외화자금이 급격히 유출되면 신흥국으로선 상당한 어려움에 처한다. 경상수지가 오랫동안 적자이거나 외환보유액이 충분하지 않는 나라는 외환위기에 빠뜨릴 수도 있다.

- 브라질, 인도네시아, 인도, 터키, 남아공, 멕시코, 한국

실제로 1990년대 중반 미국이 기준금리를 갑작스럽게 올리자 달러가 한꺼번에 빠져나가면서 멕시코가 외환위기를 당한 적이 있다. 한국도 2008년 리먼브러더스 파산 이후 전 세계 금융사들이 일제히 자금 회수에 나서면서 달러 고갈 현상이 벌어졌었다.

브라질 인도네시아 인도 터키 남아공 등은 미국이 기준금리를 올릴 경우 외환위기를 당할 가능성이 있는 취약 5개국(Fragile 5)으로 꼽힌다. 브라질 중앙은행이 기준금리를 연 11%에서 11.25%로 올린 것은 물가상승 압력 때문이지만 달러화 유출을 막기 위한 뜻도 포함돼 있다. 금리가 높으면 브라질에 투자하려면 달러 자금이 늘어날 수 있다.

과거 출구전략의 위력은 시장에 커다란 쇼크를 던졌다. 버냉키의 발언 이후 한 달간 한국 주가는 8.6% 하락했다. 브라질(-16.7%), 필리핀(-16.3%), 러시아(-14.5%) 등은 낙폭이 훨씬 컸다. 신흥국의 통화가치도 큰 폭으로 떨어졌다.

한국 경제는 다른 신흥국과 달리 기초체질이 튼튼해 차별화돼 움직일 것이다. 지난 9월 말 현재 3644억달러인 외환보유액, 31개월째 흑자행진을 이어온 경상수지 등을 근거로 미국이 금리를 올리더라도 자본 유출에 따른 시장 충격이 그다지 크지 않을 것으로 예상하고 있다.

그러나 다른 신흥국이 자본유출(달러유출) 등으로 경제가 침체되면 우리 수출도 큰 타격을 입게 된다. Fed의 기준금리가 예상보다 빠르게 인상되거나 금융시장 참여자들의 기대가 크게 바뀌면 시장금리가 급속하게 상승하면서 세계 금융자산 가격이 크게 하락할 수 있다.

미국의 금리가 오르면 시차는 있더라도 한국의 금리도 오를 수밖에 없다. 이렇게 되면 1000조원이 넘는 빚을 지고 있는 가계의 이자 부담이 크게 늘게 된다[강현철 한국경제신문 연구위원, 2014.10.31.].

미국금리변수는 신흥국과 한국금융에 영향을 미치는 중대한 변수로서 각국 국내사정에 따라 잠재 불안 요소 또는 불안의 현재화가 될 수 있다.

10. 쌓이는 단기 부동자금은 금융 불안의 징후다.

한국은 정부의 경제 활성화 대책에도 불구하고, 시중 자금은 마땅한 투자처를 찾지 못해 고스란히 쌓이고 있다. 단기 부동자금 규모가 750조원을 넘어 사상 최대치에 이르고 있다. 이 돈이 쉽게 풀리긴 당분간 어려워 보인다.

저금리에 주식, 부동산에서도 큰 재미를 볼 수 없게 되자, 이 부동자금이 757조원에 사상 최고치에 도달했다. 정기예금 같은 저축성예금이 352조 원으로 가장 많고, 월급통장 같은 요구불예금도 133조 원, 현금도 59조 원이나 된다.

투자자들은 고위험고수익을 추구하는 대신 원금보장이 가능하면서 예금보다 약간 높은 투자 상품을 찾는 등 신중한 모습이다. 예적금 대신 중수익 규모의 펀드나 절세상품에 대한 관심도 높아졌고, 투자 한 번에 수십억 원 이상 돈이 필요한 사모펀드에도 점점 돈이 몰리고 있다.

그러나 예전만큼 부동자금이 활발히 움직이지 않는다. 투자자들은 최근 몇 년간 주가 등락을 반복하다보니 이익의 경험보다는 손실의 경험이 크게 다가오고, 실물 경기 회복에 대해선 확신이 서지 않아서 부동산 시장에 자금이 대규모로 이동하지 않고 단기 유동자금에 그냥 두면서 시장을 관망하고 있다. 정부가 재정적자를 감수하겠다며 경기 부양책을 쏟아내고 있지만, 당분간 떠도는 돈들이 안착할 곳을 찾지 못하고 있다[SBSCNBC 황인표, 2014.10.29.].

확대재정정책과 돈풀기 저금리 금융정책은 단기적 경기부양효과도 가져오지 못하면서 시중의 단기 부동자금만 쌓이게 되고 투기의 기회만 엿보는 거품경제를 유발할 수 있다.

11. 한국의 비시장적인 금리체계

한국은행은 2015년 들어서 경기 촉진 목적으로 기준금리를 두 번 내리면서 시장 금리도 내려갔다. 주택담보대출의 기준이 되는 코픽스 금리도 동시에 매달 떨어졌다. 하지만, 은행들의 대출금리는 시장수급논리에 거슬리며 오히려 이상하게 움직인다.

기준금리와 상관없이 제자리에 있거나 최근엔 더 오른 곳도 있다. 왜 이런 현상이 벌어지는 것일까?

기준금리는 사상 최저 수준으로 떨어졌지만, 은행에 대출을 받으러 가보면 대출금리 상황은 다르다. 국내 은행들의 부동산담보대출금리는, 기준이 되는 코픽스금리에 자체적으로 정한 금리를 더해 산정한다.

코픽스 금리가 계속 떨어진 지난 아홉 달 동안, 5대 시중은행이 마음대로 붙이는 금리, 즉, 가산금리는 어떻게 움직인 것일까.

하나은행의 가산금리는 1월에 0.88%, 9월엔 1.21%로 오히려 0.33%포인트가 증가했다. 우리은행, 농협, 신한, 국민은행도 1월에 비해 9월에 가산금리 폭이 커졌다[MBC뉴스 김경호, 2015.10.20].

국내은행들은 금리가 떨어진 만큼 받는 이자가 줄어 수익이 악화되는 것을 막기 위해 금융기관마다 입맛대로 금리를 더 붙여 대출자금을 공급하였다.

지난 9월달 17개 시중은행 가운데 6곳의 주택담보대출 금리는 기준 금리와는 다르게 그 전달보다 인상됐다. 한국은행이 기대하는 금리 움직이는 전혀 작동하지 않는 금리체계를 보여주는 것이다.

시장금리가 떨어져도 금융 소비자는 그 부분에 대한 혜택을 받지 못하는 셈이 된다. 반면 예금금리는 올 들어 계속 떨어져 1%대 초반까지 내려갔다.

다시 한 번 정리하면 정상적인 경제일 경우, 한국은행의 기준금리 하락은 다음과 같은 3개의 금리 파급 경로를 통해 실물경제에 영향을 미치는 효과를 기대한다.

(1) 한국은행의 기준금리 하락 - 코픽스 금리 하락 - 대출금리 하락, 예금금리 하락 (예대 금리 차이 축소) - 금융 소비자 부담 경감 - 소비 촉진

(2) 한국은행의 기준금리 하락 - 코픽스 금리 하락 - 대출금리 하락, 예금금리 하락 (예대 금리 차이 축소) - 실물투자 증대 - 경제 활성화

(3) 한국은행의 기준금리 하락 - 코픽스 금리 하락 - 대출금리 하락, 예금금리 하락 (예대 금리 차이 축소) - 주택담보대출 급증 - 주택건설투자 증대 - 경제 활성화

그러나 한국은행의 기준금리 하락은 위와 같은 3개의 금리 파급 경로를 통하지 못하고 오히려 실물경제에 영향을 미치는 효과를 제한적으로 그치고 있다. 기대효과를 제한하는 경로는 다음과 같다.

한국은행의 기준금리 하락 - 코픽스 금리 하락 - 대출금리 상승, 예금금리 하락 (예대 금리 차이 확대) - 낮은 절대금리수준 이용 주택담보대출 급증 - 주택건설투자 증대 - 불확실하고 불안정한 경제 회복 양상으로 지지부진함

한국의 금융체계가 정상적으로 작동하지 않는 구체적인 시장 상

황을 보자. 한 젊은 직장인은 직장생활을 시작할 때부터 가입한 예금 및 적금을 비롯해 결혼 직후 받은 주택담보대출 · 마이너스통장까지 여수신 상품을 10년째 운용하는 직장인은 업무로 바빠 자금운용을 잘못하면서 연체를 했고 그 대가로 10%에 가까운 연체이자를 납부해야 했다[서울경제. 2014.10.09].

10년 사이 예금금리는 무려 2%포인트 넘게 내려앉았는데 연체이자는 과거와 큰 차이가 없었다. 은행의 대출 금리는 예금금리보다 덜 내린 탓이다. 기준금리 변화에 따라 금리도 등락해야 하지만 한국 현실은 달랐다. 은행은 고객에 대한 설명도 없었다.

은행은 내주는 이자는 적게 주고 거두어들이는 이자는 많이 떼는 이른바 약탈 금리로 금융장사를 하고 있다

한국의 금융세계를 너무나 잘 알고 있을 감독당국은 오래전부터 약탈적 금융 시스템을 개혁하겠다고 밝히지만 금융권의 약탈금리 행태는 사라지지 않고 있다. 기준금리는 저점을 경신하고 있지만 연체 금리는 수년간 요지부동이다. 또 수신금리는 곧바로 내리면서 여신금리는 늦게 내리는 습성도 여전하다. 생명보험사들의 약관대출, 카드사들의 현금서비스 등도 마찬가지다.

금융회사들이 시장원리대로 움직이는 것이 아니라 정부당국의 눈

치와 권고만 살피며 수익에 집착하는 사이 서민들의 이자 부담 고통은 가중되고 있다.

- 대출금리 경직성, 예금금리의 신속한 인하 움직임

신한 · 하나 · 우리은행이 대출금 연체 시 부과하는 이자율은 최고 17%에 달한다[은행연합회]. 국민은행과 스탠다드차타드(SC)은행은 각각 18%, 21%로 이보다 높다. 이들 은행은 최근 수년간 비슷한 수준의 연체 금리를 책정해왔다.

한국은행의 기준금리 인하조치에 따라 지난 2012년 1월 이후 주택담보대출 평균 금리는 1.5%포인트 이상 떨어졌지만 연체 금리는 제자리걸음을 하고 있다.

시중은행들은 대체적으로 1개월 내로 연체할 경우 7%포인트, 3개월 이하는 8%포인트, 3개월 초과는 9%포인트의 가산금리를 대출금리에 더한다. 연체 금리는 주택담보대출이나 신용대출 · 예적금담보대출 등 담보제공 여부와 상관없이 동일하게 적용된다.

연체금리만 유독 기준금리 흐름과 괴리되는 것은 이유는 뭘까. 시중은행들은 도덕적 해이 방지를 위한 불가피한 선택이라고 항변한다. 연체금리가 어느 정도 높게 설정돼야지만 연체 가능성을 낮출 수 있다는 것이다. 특히 약속된 기간에 대출금액을 상환하지 않을 경우 자금의 미스매치(불일치)가 발생하고 이에 따라 선의의 고객들이 피해를 입을 수 있다. 이를 방지하기 위해서라도 징벌적 성격의 가산금리가 필요하다는 입장이다.

시중은행은 주장한다. 연체 이자율을 낮출 경우 은행이 리스크 관리를 더욱 꼼꼼하게 하게 돼, 제 2금융권으로 대출 수요가 몰릴 수 있다. 연체 이자율은 기회비용이나 여타 자금 조달 비용 등을 다 고려해서 정한 것이다.

또 연체 이자율을 낮춘 게 3년이 채 되지 않은 상황에서 또 다시 이를 낮추기에는 은행들로서도 무리가 있다. 연체 이자로 발생하는 수익도 생각만큼 높지 않다.

그런데 현실은 달랐다. 연체율과 연체금리 간에는 아무런 상관관계가 없는 것으로 나타났다. 오히려 은행들이 주장하는 것과 반대되는 현상이 도드라졌다.

이와 같은 현상을 국책은행인 기업은행이 상업은행과 다른 행태를 보여주고 있다. 기업은행은 시중은행 가운데 가장 낮은 연체금리를 적용하고 있다. 기업은행은 최고금리를 2014년 6월 현재 11%로 책정했다[금융감독원].

기업은행은 연체금리가 가장 낮은데도 연체율은 가장 우수했다. 같은 기간 기업과 가계대출 연체율은 각각 0.57%, 0.35%를 기록했다. 기업은행은 지난 2011년 9월 연체이자율을 18%에서 13%로 떨어트린 후 2012년 8월에 12%로, 지난해 1월 11%로 각각 낮춘 바 있다.

반면 연체금리 최고한도가 3년 가까이 17% 수준을 유지하고 있는 신한은행(0.66%, 0.34%)과 하나은행(0.73%, 0.39%), 우리은행(1.62%, 0.73%)의 연체율은 대부분 기업은행을 큰 폭으로 웃돌았다. 신한은행의 가계 대출 연체율만 기업은행보다 0.01%포인트 낮았다.

연체금리 최고한도가 18%로 4대 은행 중 가장 높은 국민은행은 기업과 가계 대출 연체율은 각각 1.15%와 0.78%로 기업은행은 물론 신한은행이나 하나은행보다 높았다. 시중은행 중 연체이자율이 가장 높은 SC은행의 상황은 더 심각해서 기업대출 연체율은 1.64%, 가계대출 연체율은 1.30%로 두 부문 모두 업계 최고 수준이다.

수치로만 보면 높은 연체 이자율이 가계나 기업의 대출 연체율을 낮출 수 있다는 은행의 해명이 틀린 셈이다. 연체율 관리는 약탈금리 형태의 금리정책보다는 기업컨설팅 등과 같은 금리 외적인 정책이 더욱 효과를 발휘한다고 볼 수 있다.

2014년 8월 기업대출 연체율은 1.16%로 그 전달에 비해 0.13%포인트 올랐으며 가계대출 연체율 또한 그 전달에 비해 0.05%포인트 상승한 0.71%를 기록하고 있다[한국은행]. 시중은행들이 도덕적 해이 방지를 이유로 약탈금리를 부과하는 사이 한계기업과 가계의 부담은 그만큼 커진 것이다.

- 금융기관의 금리약탈행위

은행의 약탈적 행태는 본인이 예치해 놓은 예금이나 적금을 담보로 돈을 빌릴 때도 그대로 적용된다. 8월 기준으로 시중은행의 정기예금 금리는 2.35%로 0.12%포인트, 정기적금 금리는 2.57%로 0.1%포인트 각각 내렸다. 반면 같은 기간 예·적금 담보대출 금리는 4.02%로 0.07%포인트만 내리는 데 그쳤다. 내 돈을 맡기고 돈을 빌릴 때도 금리 시차가 작용한다는 뜻이다.

시중은행이 예담보 대출과 관련해 비용이 거의 들지 않음에도 불구하고 비슷한 수준으로 추가 금리를 받는 것 또한 같은 맥락에서 비판할 수 있는 대목이다.

현재 4대 은행 중 하나은행과 우리은행은 1년 만기 예금 금리에 1.2%포인트를 더해, 예·적금담보 대출을 해주고 있다. 신한은행은 이보다 더 많은 1.25%포인트의 추가금리를 더하고 있으며 국민은행은 5억원 이하에는 1.25%포인트를, 5억원 초과에는 1%포인트를 추가하며 예치금액에 따라 대출 금리를 달리 적용하고 있다.

2금융권이라고 해서 다르지 않다. 대표적인 것이 보험사 약관대출이다. **약관대출은 고객이 낸 보험료를 담보로 보험사에서 돈을 빌리는 것을 말하는데 약관대출 금리도 요지부동이다. 약관대출 금리의 경직성은 가산금리 흐름에서 확인된다.** 한 대형생보사의 약관대출(금리연동형) 가산금리 현황을 보면 최근 5년째 1.5%로 변함이 없다.

보험사들은 가산금리는 인건비나 시스템 구축비 같은 비용이 반영된 것이어서 기준금리 변동과 무관하다고 설명했다. 그러나 가산금리를 산정할 때 비용 말고도 채권과 같은 지표금리가 반영된다는 점에서 설득력이 떨어진다.

보험사 약관대출 금리의 주먹구구식 운영은 오랜 시간 비판을 받아왔다. 금융위원회가 보험사의 대출금리 체계 합리화 및 비교공시 개선을 추진하는 것도 이 때문이다[서울경제, 2014.10.09].

약관대출은 담보 특성 상 리스크가 거의 없는데도 은행의 마이너스통장보다 높은 가산금리를 책정하는 것은 분명 문제다. 금리책정 과정이 투명화 되면 금리정상화가 어느 정도는 뒤따를 것이다. 금리라는 금융가격이 이처럼 왜곡됐으니 실물자원의 배분 기능이 제대로 작동할 수 없을 것이다.

카드사들의 행태는 이보다 더 하다. 최고 연 28%에 육박하는 대출금리는 저금리 기조에도 불구하고 좀처럼 내려가지 않는다.

지난해 말 금융당국은 '제2금융권 금리체계 모범규준'을 마련해 카드사 대출금리 인하를 유도했다. 이에 카드사들은 회사별로 카드론 금리 평균 0.9%포인트 인하, 현금서비스 금리 평균 0.6%포인트 인하계획을 전달했다. 그러나 실제적 효과는 없었다.

여신금융협회 공시에 따르면 20개 카드사(겸영은행 포함)의 현금서비스 금리는 연 최고 27.9%에 달한다. 현금서비스 이용자의 63%가 연 20% 이상의 고금리대출을 쓰고 있는 실정이다[한국은행 2014년 4월 발표; 금융안정보고서/서울경제, 2014.10.09].

은행, 보험사, 카드사 등에서 돈을 빌려 쓰는 사람들은 연체 이자에 대해 명확한 개념이 없는 상황에서 이같이 갑자기 금리가 올라가면 생활 필수자금을 연체 이자를 갚기 위해 쓸 수밖에 없다[금융소비자 연맹].

이는 결국 소비지출을 옥죄고 내수기반을 약화시키는 근본원인으로 자리 잡고 있다. 서민들의 경우 연체 이자를 한번 물게 되면 계속 해서 늘어나는 액수 때문에 이자 수렁에서 헤어 나오기 힘든 상황으로 빠져든다[서울경제, 박해욱 · 양철민기자, 2014.10.09].

대한민국은 금융기관들의 비정상적인 약탈적 경영행태 때문에도 금융 및 실물경제를 앞당겨 선진화하기 어렵고 수백 년이 지나야 시장경제 정상화를 기대할 수 있을 런지 모른다. 한국경제 현실은 시장경제논리가 통하지 않는 나라이니 경제지식을 쓸모없는 것으로 만들고 당국의 경제정책도 효과를 기대할 수 없는 상황으로 내몰리고 있다.

12. 정책금융 중개 기능의 비효율성

한국의 중소기업 정책금융은 상대적으로 규모가 크다. 2011년 기준 우리나라 은행 대출의 약 12%에 달한다. 이는 OECD 평균인 5%에 비해 매우 높다. 이것은 한국의 중소기업이 공적지원인 정책금융을 많이 받는다는 것을 의미한다.

정책금융이 GDP에서 차지하는 비중(2007~2010년 평균)도 7.33%다. 이것도 OECD 평균(3.16%)을 웃돈다. 보증규모는 2008년 49조원에서 2013년 75조5,000억 원으로 불었다.

정부의 중기 정책금융은 담보나 신용이 부족해 민간 금융기관에서 자금을 빌리기 어려운 중기를 지원하는 데 방점이 찍혀 있었다. 그러다 보니 **일시적 경영난에 봉착한 기업이나 성장성 등이 높은 기업보다는 영업을 통한 생존이 불투명한 기업에 자금이 흘러들어 갔다(자금중개기능의 비효율성)**.

중복·쏠림 지원 등도 일반화됐다. 지금까지 이런 악순환이 반복됐다. 정책금융의 난맥상을 그대로 보여준다. 금융악순환의 반복이 계속될 수밖에 없다.

지원을 받은 기업의 생산성 제고 효과는 거의 없었다. 총 20조원을 투입했건만 부가가치 창출 효과는 되레 뒷걸음질 치고 있다[장우현 KDI 연구위원]. 중기 정책금융이 양적으로 늘어났지만 부작용도 만만치 않게 크게 나타나고 있다.

2009년 글로벌 금융위기 당시 지원 대상 기업의 신용등급까지 낮춰 자금을 풀었지만 돈은 회수가 안 되고 기업 옥석 가리기도 실패했다.

은행 등 금융기관은 대출보다 보증에만 의존하고 우량 중기들은 저비용 정책금융을 활용하는 도덕적 해이가 발생하고 있다. 정책금융이 기업자생력을 약화시키는 부작용을 키우고 있는 것이다.

중소기업 정책금융은 기업구조조정작업만 지체시키고 있다. 중기 정책금융의 틀을 시장 친화적으로 개혁할 것이 필요하다.

지원정책의 성과를 주기적으로 평가하고 결과가 좋지 않은 정책들은 재구조화하거나 과감하게 폐지해야 한다.

그 동안 정부가 내 놓은 방안은 정책금융의 효율성을 높인다는 방향이었지만 재원배분의 우선순위나 총량제 도입 등의 실효성에서는 근본적으로 이 같은 틀에서 벗어나지 못했다[서울경제, 세종=김정곤 · 박홍용기자, 2015.9.29/ 기획재정부 제14차 재정전략협의회/ 한국개발연구원(KDI)].

13. 외환위기 이후 금융 불안이 해소됐다?

외환위기 이후 금융회사의 건전성이 크게 개선됐고 금융회사 총자산은 3배 이상 성장했으며, 채권시장 규모도 4배나 증가했다. 금융회사의 건전성도 개선된 것으로 보인다.

은행의 국제결제은행(BIS) 기준 자기자본비율은 99년 말 11.7%에서 지난해 말 14.53%로 올랐다. 고정이하 여신비율도 99년 말 12.9%에서 지난해 말 1.79%로 떨어졌다. 부실자산 축소와 금융사의 건전성 개선으로 재무건전성이 회복된 것이다. 또한 자본 확충으로 금융권 전체의 자본 적정성 지표가 기준 비율을 크게 웃돌고 있다.

금융 산업 고용 인력(임직원 수)은 99년 말 23만7000명에서 지난해 말 27만8000명으로 17% 늘었다. 금융회사 총자산은 99년 말 975조원에서 지난해 말 3120조원으로 3배 이상 성장했다. 은행과 생보사는 대형화를 통해 자산규모가 늘었고, 손보사와 증권 · 자산운용사는 신규 진입 등을 통해 성장했다.

주식시장 규모(시가총액)는 상장사 증가와 주가지수 상승에 힘입어 99년 말 456조원에서 지난해 말 1325조원으로 3배 가까이 증가했다. 채권시장 규모(상장잔액)도 99년 말 361조원에서 지난해 말 1396조원으로 4배 가까이 늘었다.

외국인 투자 규모도 크게 늘었다. 국내 주식시장의 외국인 투자 비중은 99년 말 18.9%에서 2013년 말 32.6%로 증가했고, 같은 기간 채권시장은 0.3%에서 6.8%로 늘었다. 외국계 금융회사의 국내 진출도 늘어 외국계 비중이 은행은 14.6%, 생보사 10.9%까지 상승했다.

펀드 수탁고는 2004년 말 187조원에서 2008년 말 359조원까지 증가했다가 글로벌 금융 불안으로 다시 감소해 지난해 말 기준 335조원 수준을 기록 중이다. 주가연계증권(ELS) 규모는 2004년 말 5조 6000억원에서 지난해 말 46조원으로 8배 이상 증가했다.

정보기술(IT) 발달과 비용절감, 영업확대, 편의성 등에 힘입어 인터넷뱅킹 비중도 크게 늘었다. 지난 2005년 말 18.6%였던 인터넷뱅킹 비중은 지난해 말 34.1%를 나타냈다. 비대면 채널 비중을 크게 했다. 창구 텔러 비중은 2005년 말 26.3%에서 지난해 말 12.2%로 감소했다.

한편 예금은행의 여수신 금리는 시장금리 하락과 함께 지속적으로 떨어져 지난해에는 96년 이후 최저수준을 나타냈다. 지난해 저축성 수신금리(신규취급액 기준)는 2.7%였고, 대출 평균금리는 4.6%를 기록했다.

이와 같이 금융환경이 전반적으로 좋아졌지만 금융위험은 없는가?

- 금융체제 위험 증가?

가계 저축률은 지난 1997년 21.6%에서 5년 만에 0.4%(2002년)로 급락했다가 최근에는 3%대에서 정체돼 있다[파이낸셜뉴스 박승덕 기자, 2014.4.10/ 금융감독원; 외환위기 이후 1999~2013년 기간 중 금융 산업의 변화 추이와 발전과정/주요 통계지표 발표].

2014년 **한국 금융의 위협 요인은 중국 및 신흥국 불안과 미국 양적완화 축소 등 해외 대형쇼크다. 특히 중국 및 신흥국 불안을 가장 우려한다. 한국 금융체제위험**(Systemic risk)**의 5대 리스크는 미국 양적완화 축소, 중국 경기둔화, 가계부채 문제, 신흥국 금융 불안, 기업 신용위험 증가 등이다**[서울=뉴스1 이현아 기자, 2014.3.25].

5대 리스크 중에서 국내 불확실성은 감소하는 반면 해외 불확실성은 증가했다. 해외 리스크로는 중국 및 신흥국 리스크, 미국 양적완화 축소가 큰 폭 증가했다. 반면 국내 리스크는 점차 축소되었다.

가계부채 문제, 부동산시장 불안도 줄었고 기업 신용위험 증가도 감소하였다.

5대 리스크가 발생 가능성은 미국 양적완화 축소 및 신흥국 금융 불안이 단기리스크로, '중국 경기 둔화', '가계부채 문제'는 중기 리스크로 인식하고 있다. 기업 신용위험 증가는 중·단기 리스크로 내다본다.

미국 양적완화 축소가 금융시스템에 미치는 영향력이 크고 발생 확률도 높은 것으로 인식한다. '중국 경기 둔화' 및 '가계부채 문제'가 금융시스템에 미치는 영향력은 크지만 발생 확률은 중간 정도로 인식한다.

신흥국 금융 불안은 발생 확률은 높지만 영향력이 중간인 리스크로 보고 있다. 향후 1년 인에 금융시스템 리스크가 발생할 가능성에 대해서는 낮게 보고 있다.

국내외 불확실성에도 불구, 한국 금융시스템은 대체로 안정성을 유지할 것이라고 기대한다. 실제로 단기 금융시스템 리스크 발생 가능성은 계속 낮아지고 있다. 다만 중기 금융시스템 리스크가 발생할 가능성에 대해서는 대체로 찬반 평가가 팽팽하다[서울=뉴스1 이현아 기자, 2014.3.25.].

- 신흥국 불안은 한국 금융의 불안 야기

미국의 긴축 움직임에 달러화 가치가 치솟으면서 신흥시장 리스크가 다시 한 번 국제금융시장을 혼란스럽게 흔들리고 있다. 글로벌 금융위기 이후 미국과 유럽 등 선진국이 초저금리를 유지하면서 비교적 수익성이 높아졌던 신흥국 통화가 최근 달러강세 기조에 투자 매력을 잃고 있기 때문이다.주8)

최근 돈을 더 푸는 유럽과 일본과 달리 미국은 돈줄을 죌 조짐을 보이자 달러 가치가 치솟고 있다.

실제 **주요 6개 통화 대비 달러 가치를 나타내는 달러 인덱스**는 최근 11주 연속 오름세다. 반면 신흥통화 가치를 측정하는 JP**모건 신흥시장통화지수**(EMCI)는 이날 83.67까지 떨어져 2003년 이후 11년 만에 최저치를 기록했다. 2008**년 글로벌 금융위기 때보다 더 떨어진 것이다**. 투자국 자산 가격이 떨어지면 캐리트레이드 매력이 반감될 수밖에 없다. 이러면서 신흥국으로 몰렸던 캐리트레이드가 대거 청산될 조짐을 보이고 있다.

상황이 이렇게 돌자 **달러 캐리 투자자들**은 손실을 막기 위해 신

주8) 캐리 트레이드는 낮은 금리의 통화로 조달한 자금을 높은 금리 국가의 금융상품에 투자함으로써 차익을 얻는 것을 의미한다. 금융위기 이후 미 연준(Fed)이 시장에 돈을 풀면서 달러 캐리가 성행했다. 달러 자금을 빌려 이자가 상대적으로 비싼 신흥국 자산에 투자한 것이다.

흥국 자산 처분에 나섰다. 외환시장 내 거래 손실이 금리차로 인한 수익을 넘을 것이라고 판단하기 시작한 것이다. 이런 흐름이 캐리 트레이드의 영원한 종언을 뜻하는 것은 아니지만 시장이 조정 상태에 들어간 것 분명한 것 같다.

캐리트레이드 자금의 대탈출이 시작되면 신흥시장은 충격을 받을 것이다. 신흥국 현지통화 표시 채권에 투자된 해외자금만 2조 달러(약 2100억원)에 이른다. 2007~2012년 **사이 외국인들의 신흥시장 채권 보유 비중이** 8%**에서** 17%**로 증가했다**[국제결제은행(BIS)].

따라서 외국인 채권 보유 비중이 상대적으로 높은 신흥국 중 기초체질이 가장 취약한 국가가 대량 자본 유출에 직면하면 매우 심각한 곤경에 빠질 수 있다.

말레이시아는 외국인 보유 국채 비중이 45%에 달한다. 그 밖에 폴란드, 헝가리, 멕시코, 인도네시아도 35%에 육박한다. 이들 나라들 중 자국 경제가 흡수할 대응력을 갖지 못하면 대량 자금유출과 함께 심각한 위기에 노출될 수 있다[이데일리 신정은 기자, 2014.9.30/ 파이낸셜 타임스 FT].

미 달러화 가치의 급등은 한국경제에도 위협적으로 영향을 미친다. 대미 원 달러 환율이 급락할 수 있고 수출경제가 위협 받을 수 있다. 환율 급등락은 시장개입에 따른 한국의 외화보유고 변동과 국채(외환평형기금채권의 추가 발행 등) 등 국가채무 관리에도 영향을 미친다.

미 달러 가치의 급등은 수출기업에 타격을 주고 한국 주식시장을 뒤 흔들 수 있다. 한국경제가 기초체질이 좋다고 하지만 경우에 따라 대량 자본 유출이 경제 전반에 위기를 불러 올 수 있다.

14. 과다한 가계부채는 금융 불안 요인

금융위기 이후 선진국의 가계부채는 계속 줄고 있는데 한국의 가계부채는 매년 8% 넘게 꾸준히 늘었다. 선진국들이 금융위기 이후 가계부채의 '디레버리징(부채 축소)'에 나선 동안 한국의 가계부채는 매년 8% 넘게 꾸준히 늘었다. 가계부채의 핵심인 주택담보대출의 경우 정부의 규제 완화와 금리 인하 효과로 크게 증가했다.

경제협력개발기구(OECD) **회원국 가계부채(비영리법인 포함) 증가율**은 금융위기 이후 **연평균** 8.7%에 달했다. 칠레(11.9%) 등 일부 회원국과 함께 한국의 가계부채 증가율은 OECD 상위권이다. 한국은행이 집계하는 가계부채(가계신용)를 기준으로 봐도 2008년 말 723조5천억원인 가계부채 잔액이 2013년 말 1천21조4천억원으로 매년 8.2%씩 증가했다.

대다수 선진국은 금융위기 이후 가계부채 증가율이 낮아지거나 오히려 감소했다. 2008년 말 13조8천억달러인 미국의 가계부채는 금융위기 이후 매년 0.7% 줄어 지난해 말 13조3천억달러다.

같은 기간에 일본도 325조4천억엔에서 311조1천억엔으로 매년 1.1%씩 줄었다. 독일과 영국은 각각 1조5천억유로와 1조4천억파운드에서 1조6천억유로와 1조5천억파운드로 연평균 증가율이 0.5%씩에 불과했다.

선진국들은 기존 가계대출이 파산과 청산으로 디레버리징됐지만, 한국은 금융위기 이후 계속 늘어 리스크가 커지고 있다. 가계부채 위험국으로 볼 수 있는데도 한국은 올해 들어 대출 규제를 풀고 금리를 내리는 등 부채를 늘리는 쪽으로 정책 방향을 잡았다.

LTV(**담보인정비율**) · DTI(**총부채상환비율**) **완화, 기준금리인하로 주택대출은 급증**하였다. 7개 주요 은행 주택대출 잔액은 지난달 말 297조7천억원에서 지난 28일 301조5천억원으로 늘었다. 한 달 만에 3조8천억원(1.3%)이 증가한 것으로, 이를 연간 15.6% 증가했다.

LTV · DTI 완화로 가계부채가 우려할 만큼 늘지는 않고 가계부채 구조 개선에 도움이 될 것으로 내다봤다.

그러나 가처분소득이 늘어나지 않으면 규제 완화로 탄력을 받은 가계부채 증가만 가져올 가능성이다. 한국 가계부채 건전성이 지속적으로 악화된 점을 주목해야 한다. 부채 건전성을 보여주는 한국의 가처분소득 대비 가계부채 비중은 163.8%로 독일(93.2%), 프랑스(104.5%), 미국(114.9%), 영국(150.1%) 등 주요 선진국보다 높다 [서울=연합뉴스 홍정규 이지헌 기자, 2014.8.31].

- 가계 부채 1천 40조원

가계부채는 은행산업의 위험(리스크) 요인이 될 수 있다. 저금리 환경과 주택담보대출 규제 완화가 맞물려 가계부채 증가세가 계속될 것이다. 한국은 민간부문의 부채 수준이 높아서 경제 성장이 둔화하거나 부동산 가격이 하락하는 등 경제여건이 나빠지면 신용도가 취약해진다.

한국 가계부채의 건전성이 지속적으로 악화돼 왔다. 주택담보인정비율(LTV), 총부채상환비율(DTI) 규제 완화가 가계부채 증가로 이어졌다. 원화 강세로 수출업체들의 경쟁력이 약화되는 점과 조선·해운·건설업종 구조조정이 아직 진행 중인 것도 앞날의 경제성장을 위협하고 있다.

2008년 금융위기 이후 국가신용위험과 은행신용위험의 연계성은 더욱 강해지는 추세다. 국가 신용등급이 은행권 신용위험에서 자유로울 수 없다. 지금 수준의 가계부채가 당장 금융 리스크를 일으키지는 않겠지만 내수 진작에는 부담이 될 것이다.

지난 몇 년간 한국의 은행들이 대출 심사기준을 강화하고 부실채권을 상각했으며, 조선 · 해운 · 건설 등 취약 업종에 대한 충당금을 추가로 적립했다. 국제신용평가관들은 이런 점을 들어 아직은 신용등급 전망이 안정적이라고 평가했다.

한국기업들의 신용전망에 대해선 중국 시장 의존도가 심해져 위험도가 증가하고 있다. LG화학의 총매출 대비 중국매출 비중은 2012년 42%에서 지난해 44%로 증가했고, 삼성전자는 14%에서 18%, 포스코는 8%에서 10%로 늘어난 상태다. 한국경제를 이끄는 대표적인 주력 기업들의 중국 의존도가 높아지고 있는 것이다.

따라서 **중국의 저성장은 한국의 철강 · 정유 · 화학 산업뿐 아니라 제조업에 대한 수요 또한 감소시켜 부정적 영향을 주게 돼 있다**. 실제로 국내 기업 40여개의 신용등급은 지난해 평균 BB+로 2009년에 비해 두 단계 낮아졌다.

또한 중국 기업들이 글로벌 시장에서 강력한 경쟁자로 부상하는 점도 한국기업에겐 커다란 위협적인 환경이 됐다. 기술과 품질이

한층 개선된 중국기업과의 시장 경쟁이 격화되고 있기 때문에 기술 혁신이 더딘 한국경제의 앞날은 더욱 어둡게 바라볼 수밖에 없다[서울=연합뉴스 박초롱 기자, 2014.8.29/ 국제 신용평가사 스탠더드앤드푸어스(S&P); 중국 리스크가 한국 신용시장에 미치는 영향].

- 비은행 금융기관 여신 급증

한국의 과중한 가계부채는 금융기관들 사이 묻지 마 대출 경쟁, 협소한 창업 기회의 박탈과 서민업종의 비대화와 과열경쟁이 빚은 부실자영업자의 양산과 대량 부실대출 발생, 취업기회 상실과 실업과 소득 상실로 인해 가계부채가 줄어들 줄 모르고 있다[서울=연합뉴스 경수현 기자, 2014.1.19].

최근 은행대출이 어려워지면서 비은행권 대출이 증가하고 있다. 은행의 높은 문턱을 못 넘고 비은행 금융기관에서 돈을 빌리는 대출이 늘어나고 있는 것이다.

생명보험, 상호저축은행, 신용협동조합, 상호금융 등 비은행 금융기관의 여신은 작년 말 현재 543조6천326억원으로 전년 말보다 23조6천684억원(4.6%) 증가했다. 이에 따라 2금융권의 여신 규모는 예금은행 총대출(1천154조7천603억원) 대비 47.1%에 달했다. 이 비율은 10년 전인 2004년(연말 기준)만 해도 42.5%였으나 2007년 44.7%

까지 높아지다가 2008년 46.2%로 급등하고서 2009년 45.8%로 떨어진 뒤 다시 상승세를 보였다.

작년 말 현재 비은행 금융기관별 여신 규모를 보면 상호금융이 168조6천924억원으로, 2004년보다 83조1천969억원(97.3%) 늘고 생명보험(90조4천841억원)도 97.2% 증가했다. 이에 비해 신탁회사 여신(55조1천318억원)은 규모는 크지 않지만 2004년(12조3천159억원)의 4.48배로 늘어 증가율이 가장 높았다. 신용협동조합(33조7천888억원)도 2.75배, 새마을금고(61조1천982억원)도 2.47배, 자산운용사 투자신탁 계정(38조1천976억원)도 3.29배로 각각 증가했다.

은행에 비해 상대적으로 금리가 높은 2금융권 여신의 가파른 증가는 가계부채 등 채무의 질적 악화를 반영한다[서울=연합뉴스 경수현 기자, 2014.1.19]. 한국의 가계부채 과중은 장기적 안정적 경제성장을 해치는 소비위축 유발 성 만성적 요인으로 변질됐다.

15. 후진적인 한국 금융도 불안 요인

한국 금융 산업의 경쟁력은 낙제 수준이다. 그 이유는 과도한 규제 및 정부 개입, 인력부족 때문이다. 좁은 국내시장, 전문 인력 부족, 단순한 수익구조 등도 한국 금융의 문제점이다. 한국 금융은 홍콩, 싱가포르 등 아시아 지역 금융 선진국과 비교 할 때 한국 금융 산업의 경쟁력은 크게 뒤져 있다[서울=연합뉴스 정주호 기자, 2014.5.17/ 국내 진출한 39개 외국계 금융사들의 평가/ 전국경제인연합회; '한국 금융의 경쟁력 현황 및 개선과제'].

한국의 금융시장이 금융 위기에도 불구하고 비교적 안전하게 작동했지만 일부 비은행 금융기관의 경우 건전성이 위협받고 감독 시스템이 정치권으로부터 영향력을 벗어나지 못하고 있다.

2008년 금융 위기 이후 한국 금융시장의 취약성은 크게 개선됐다. 은행권의 자본 구조(capitalization)가 개선되고 외환 유동성은 강화됐다. 그러나 리스크는 여전히 지속되고 있다. 은행의 수익성이 약한 수준이며 경기 침체가 계속될 경우 건전성에 큰 타격을 줄 수 있다. LTV(loan to value ratio)나 DTI(debt to income)와 같이 주택담보대출 한도를 줄이는 정책에 의해 은행의 가계 대출은 덜 증가했지만, 비은행 금융기관의 가계 대출은 증가했다.

은행의 위기관리 능력을 평가하는 스트레스 테스트(stress test)는 긍정적이다. 하지만 은행이 회복력(resilient)을 보이는 반면 비은행 금융기관은 취약한 상태다. 일부 비은행 금융기관의 신용 리스크에 대한 대비가 부족하기 때문에 은행과 동일한 규제를 적용해 엄격하게 감독해야 한다. 일부 비은행 금융기관에 감독 부재가 방치되고 있다.

금융시장에 대한 감시와 제재도 한층 강화될 필요성이 있다. 현행 법규의 개선을 통해 형사제재뿐 아니라 행정 및 금전 제재를 강화해야 한다. 무엇보다 한국의 규제 구조가 우려를 낳고 있다. 정치적 영향으로부터의 독립성과 금융위원회, 금융감독원 등 감독 기관 간 업무 중복 및 복잡한 절차를 개선해야 한다. 이 같은 규제 구조 탓에 법 개정 절차가 느리고 금융위와 금감원이 정치적 절차로부터 독립성을 보장받지 못하고 있다[IMF; 금융부문 평가 프로그램(FSAP:Financial Sector Assessment Program; FSSA(Financial System Stability Assessment) 및 ROSC(Reports on the Observance of Standards and Codes)/ 조세일보 김노향 기자, 2014.5.21/ IMF 평가단].

16. 한국금융시장의 불안정 요인들

- 주식시장 불안요인 주체

한국 증권시장은 외국인이 주도하기 때문에 해외쇼크에 민감하게 움직인다. 특히 미국 경제 변화에 매우 민감하게 움직인다. 중국의 움직임도 한국 경제에 크게 영향을 미친다. 한국의 상장 주식과 채권에 투자하는 외국인 개인투자자가 1만 명을 돌파했다.

이 중에서 가장 주목할 점은 케이만 아일랜드, 버진 아일랜드, 버뮤다 등 조세회피지역에서 국내에 투자하는 외국인은 모두 기관 이름으로 돼 있다는 점이다. 2014년 3월 말 기준 금감원에 등록된 외국인 개인투자자는 9천988명에 달했다. 외국인 개인투자자는 이미 1만 명 선을 넘은 것으로 본다[서울=연합뉴스 박상돈 기자, 2014.4.22/ 금융감독원].

외국인 개인투자자는 1991년 말 불과 421명이었다. 현재 1만 명 선을 넘게 됐다. 외국인 개인투자자는 주로 미국, 일본, 캐나다, 대만, 중국 등의 국적을 보유하고 있다. 재외동포가 많이 거주하는 국가들이다.

케이만아일랜드 등 조세회피지역으로 구분되는 외국인 투자자 중에는 개인이 1명도 없다. 지난해 말 기준으로 케이만아일랜드 외국인 투자자 2천907명 중 개인은 전혀 없고 모두 은행, 보험, 펀드, 연기금 등의 기관으로 등록돼 있다.

룩셈부르크(1천480명), 버진아일랜드(877명), 버뮤다(340명) 등의 투자자들도 모두 기관으로 등록했다. 개인을 포함한 외국인 전체 투자자는 지난달 말 현재 3만8천168명이며 이중 기관이 2만8천180곳이다.

기관 중에는 펀드가 1만7천39개로 가장 많고 연기금 2천67곳, 증권사 856곳, 은행 681곳, 보험사 446곳, 기타 7천91곳 등이다. 외국인 전체 투자자는 자본시장이 완전히 개방된 1998년 말 8천460명에서 이제 4만명을 향해 가고 있다[서울=연합뉴스 박상돈 기자, 2014.4.22./ 금융감독원].

- 외국인 자금 대량 유출은 증시 불안

미국이 3차 양적완화를 종료함에 따라 한국과 아시아 신흥국에서는 적지 않은 규모의 자금 유출이 예상된다. 미국이 양적완화를 시작한 2009년 3월 이후 올해 9월까지 5년 6개월간 미국은 국내 주식을 35조8천340억원 순매수했다. 미국은 2008년 리먼브러더스 사태로 촉발된 세계 금융위기를 극복하기 위해 2009년 3월부터 막대한 규모의 채권을 사들이는 1차 양적완화를 단행했고 이후 3차례 진행된 양적완화를 이번 달 끝냈다.

미국의 국내 주식 순매수 규모는 2009년 3월부터 그해 연말까지 9개월 동안 8조290억 원에 달했고 2010년 14조9천130억 원, 2011년 5조1천630억 원, 2012년 1조170억 원, 지난해 2조7천140억 원에 이어 올해 들어 9월까지 3조9천980억원 등이었다[서울=연합뉴스 박상돈 기자, 2014.11.03/ 금융감독원/한국거래소].

지난 5년 6개월간 미국을 포함한 전체 외국인이 국내 주식을 69조7천260억원 순매수한 것을 고려하면 미국 자금 비중이 51.4%로 절반이 넘는다.

미국의 양적완화 단행 이후 5년 6개월간 미국 다음으로 많은 자금을 투입한 것은 중국으로 모두 9조1천90억 원의 순매수가 이뤄졌다. 또 아일랜드 4조5천820억원, 룩셈부르크 4조5천560억원, 일본 2조5천260억원 각각 순매수했다.

반면에 영국은 국내 주식을 12조1천490억원 순매도했고 독일도 1조4천550억원 순매도했다. 지난 2009년 순매수는 상장지수펀드(ETF) 등이 포함됐고 2010년 이후에는 제외한 수치다.

미국이 3차례의 양적완화를 실시한 이후 막대한 자금은 한국 등 아시아 신흥국으로 유입됐다. 이 때문에 미국이 양적완화를 종료함에 따라 자금을 회수할 경우 한국 등의 증시에서 막대한 자금유출이 일어날 수 있다.

- 글로벌 투자자금의 대이동

최근 계속된 국제유가 하락과 글로벌 디플레이션(deflation) 공포, 그리스의 유로존 이탈 우려 등에 연초부터 글로벌 투자자금의 안전자산 선호(flight to safety)가 강해지고 있다. 주식 등 위험자산에서 빠져나온 자금은 신용등급이 높은 국채와 회사채 등으로 몰리고 있다[이데일리 이정훈 기자, 2015.1.11].

올 1월 들어 첫째 주(1~7일)에 글로벌 투자자들이 주식형 펀드에서 순유출한 자금이 121억달러(약 13조2000억원)에 이르렀다. 지난해에도 주식형 펀드에서는 1600억달러의 자금이 순유출된 바 있다[펀드 조사기관인 EPFR 집계].

주식형 펀드에서 이탈한 자금을 지역별로 보면 미국 주식형 뮤추얼펀드와 상장지수펀드(ETF)에서 128억 달러의 자금이 순유출됐고, 이머징마켓 주식형 펀드에서도 13억 달러가 순수하게 빠져 나갔다. 특히 이머징마켓 주식형 펀드에서의 순유출은 8주일 연속으로 이어졌다. 유로존에서도 3억 달러가 순유출된 반면 일본 주식형 펀드에는 5억 달러가 순유입됐다.

반면 올 첫째 주 채권형 펀드와 머니마켓펀드(MMF)에 순유입된 자금은 140억달러(약 15조2800억 원)에 이르렀다. 채권형 펀드의 경우 미국 고(高)신용등급 회사채 펀드에 30억 달러가 순유입됐다. 그러나 채권형 펀드 가운데서도 고위험 고수익인 하이일드펀드의 경우 41억7000만 달러가 순이탈했다.

이 같은 자금흐름 변화는 이미 시장가격 변동에 그대로 나타났다. 국제유가가 바닥을 모른 채 추락하고 그리스가 유로존에서 이탈할 수 있다는 우려가 커진 가운데 유로존 등의 디플레이션 공포까지 가세하면서 **주식 값이 하락하고 시장 변동성을 크게 높아졌**다. 반면 **미국 10년만기 국채금리는 지난해 10월 중순 이후 다시 1%대로 내려앉고 유로존 국채금리들도 제로(0)%를 향해 랠리를 이어가고 있다.**

- 국내 채권시장의 성장

한국에서 처음 발행된 국채는 **건국국채**다. 정부는 1950**년** 2**월**23**일 건국국채를 처음으로 발행했다**. 건국국채 발행규모는 7200만환이었다. 이후 유가증권의 공정한 가격 형성과 원활한 유통을 위해 1956년 3월 대한증권거래소가 설립되면서 국채시장은 제도화된 시장의 형태를 갖추기 시작했다.

1961년에는 **통화안정증권**이 최초로 발행됐고, 1967년에는 **재정증권**이 처음으로 발행됐다. 이후 **도로국채**(1968**년**), **전력채권**(1970**년**), **국민주택채권**(1974**년**), **양곡증권**(1976**년**) 등이 순차적으로 발행됐다.

1970년대 초반까지는 전체의 95%의 채권이 대한증권거래소에서 거래됐고, 1976년 장외거래를 금지했던 증권거래법이 개정되면서 장외거래가 본격화됐다. 국채발행 초기부터 1990년 중반까지 정부는 재정수준을 유지하기 위해 노력했다. 1996년 연간재원조달용 국채 발행액은 4조원 수준으로 국내총생산(GDP) 대비 1% 수준에 불과했다.

국채 시장이 커진 계기는 1997년 국제통화기금(IMF)의 구제금융을 받기 시작한 것이었다. 정부는 외환위기 극복을 위해 금융구조 개혁, 기업지배구조 개혁 등을 추진했고, 직접 금융시장 발전을 통한 금융질서 구축을 위해 국채시장을 중심으로 채권시장을 육성키로 했다.

1998년 하반기에는 부실기업과 금융기관 등에 대한 구조조정 자금 마련을 위해 국고채 발행을 대폭 늘렸다. 또 1999년에는 국채전문유통시장을 거래소에 개설했고, 같은 해 국고채전문딜러제도를 도입했다.

이후 글로벌 금융위기가 닥친 2008년 국채 시장은 폭발적으로 커졌다. 2009년에는 각국이 금융위기 극복을 위해 국고채 발행량을 늘렸는데, 우리나라도 금융위기 극복을 위한 재정자금 조달 증가에 따라 2008년 52조1000억 원에서 85조원으로 발행량을 63% 늘렸다.

한국채권시장은 2013년 **말 기준 국채발행 규모는** 136**조**7000**억 원이고, 발행 잔액은** 459**조**5000**억 원으로 규모가 확대되었다**[아시아경제 이윤재 기자2014.5.24.].

- 국내외환시장의 불안정

증권시장의 규모가 커진 만큼 한국의 주식, 채권시장은 활짝 개방된 시장으로 변모했다. 시장개방으로 증권가격과 환율은 그 어느 때보다 등락폭이 심해졌다.

환율의 급 변동은 기업 경영환경에 큰 영향을 미친다. 원·달러 환율의 급격한 변동은 기업 경영환경이 달러에 노출되는 정도에 따라 큰 영향을 받았다. 이 같은 영향력은 수출, 외화 부채 등 달러와 연관된 금액(익스포저)이 기업실적 수치에 직결된다.

원화절상 시, 한국전력 등 유틸리티 업종, 에너지 기업, 유통·통신서비스 등 내수 위주 기업은 그 효과를 톡톡히 본다. 그러나 전기전자, 자동차, 조선 등 수출기업들은 환위험노출 정도가 높아도 생산기지 현지화, 가격경쟁력 향상, 환율 헤지(위험회피) 거래 등을 하고 있기 때문에 실질적인 환율 익스포저는 기업별로 다를 수 있다.

업종별 총 환위험노출 분석에서서 익스포저가 가장 큰 업종은 조선업종으로 80.7%에 달한다. 조선업종 다음으로 자동차가 51%, 반도체 49.4%, 디스플레이 49.2% 순이었다. 익스포저가 적은 업종은 유틸리티 -56.1%, 에너지 -34.8%, 유통 -18.5%, 통신서비스 -16.7% 등의 순이었다.

환율 익스포저가 클수록 원화절상에 불리하고 작을수록 유리하였다. 또한 환율 익스포저가 크다고 하더라도 해외생산비중이 높은 자동차, 휴대폰 등은 수치에 비해 영향이 상대적으로 줄 수 있고 조선도 환율 헤지를 하기 때문에 실질적인 익스포저는 작을 수 있다.

특히 주목되는 기업은 전기전자부품기업들이다. 달러로 결제하는 비중이 80~90%여서 상대적으로 환율하락이 실적에 미치는 영향이

크다는 것이다.

수출비중이 40%를 넘어선 석유화학업체도 원화강세가 지속되면 실적에 부정적 영향을 받을 수밖에 없다. 롯데케미칼, 금호석유, 삼성정밀화학의 수출비중은 각각 56%, 66%, 42%다.

원화강세의 최대 수혜업체는 에너지 · 유틸리티 기업들이었다. SK이노베이션과 S-oil은 매출의 절반은 원화이지만 원유매입결제통화는 100%달러여서 환율하락의 수혜를 입을 수밖에 없는 구조다. 한국전력은 발전연료비(약 35조원)가 환율, 유기에 연동돼 있는 매출구조여서 연평균 환율이 1% 떨어졌을 때 3500억원의 영업수지 개선 효과를 보았다.

환율 익스포저가 적은 유틸리티 · 에너지 · 유통 · 통신 · 음식료 업종에 주목할 수밖에 없는 이유다. 다만 원화강세 수혜주 중심으로 포트폴리오 재편은 재고해 봐야 한다. 자동차와 철강, 중소형주들은 환율에 의해 일정부분 유의미한 영향을 받고 있지만 자동차 업종의 경우 과거대비 민감도가 크게 감소했다.

일본 엔화가 미국 달러화 대비 강세기조라는 것도 주식시장에는 다소 긍정적이다. 지난해 말 대비 5월 12일 현재 미국 달러화 대비 원화는 2.9% 절상됐고 엔화는 3.0% 올랐다. 다만 비교 기간을 지난

3월 말로 하면 원화는 3.8%, 엔화는 1.1% 올랐다[파이낸셜뉴스 김규성 기자, 2014.5.13/금융투자업계/한국투자증권].

- 원화 값의 단기 급등세는 경제 불안 요소다

최근 원화 값이 급등한 것은 달러 약세와 신흥국으로 자금 유입이 동시에 진행되고 경상수지가 매달 흑자 행진을 하는 요인이 작용했다[매일경제, 최재원 기자 / 이덕주 기자, 2014.4.10].

원화는 이달 들어 주요 28개국 통화 중 브라질 헤알화에 이어 두 번째로 가치 상승폭이 컸다. 아시아에선 가장 높은 절상률(2.3%)이다. 이 기간 주요 선진국 통화 대비 달러화 가치(달러인덱스)가 0.67% 내린 것을 감안하면 두드러지는 강세다[동부증권].

이날 달러화 약세는 미국 연방공개시장위원회(FOMC) 회의록에서 연방준비제도이사회(FRB)가 당분간 저금리 정책을 펼치겠다고 시사했기 때문이다. 기준금리 인상 시기가 뒤로 미뤄졌다는 분석이 나오면서 다른 통화들이 상대적으로 강세를 보인 것이다.

원화 값도 서울외환시장이 개장하자마자 역외환율이 반영되면서 1035원에서 출발했다. 외환당국이 이틀 연속 나서지 않는 것처럼 보이자 절상 속도는 더 가팔라졌다. 주식시장에서 외국인 매수세가 계속되고 있는 점도 원화 값 상승에 힘을 더했다. 기획재정부와 한국은행이 잇달아 구두 개입에 나서면서 급등세는 진정됐다. 시장에서는 실제 물량 개입도 일부 이뤄진 것으로 보고 있다.

- 적정 원화가치는?

한국 원화 가치 변화는 국제기관과 미국이 지켜본다. 현재 원화 실질실효환율(REER)이 균형 환율보다 8% 낮다. 원화가 2~8% 정도 여전히 저평가돼 있다. 최근 경상수지 확대 추세를 볼 때 원화의 저평가 수준은 8%에 가깝다. 외환보유액도 지금 수준으로 충분하며 더 늘릴 필요가 없다. 이는 원화의 추가 절상이 필요하다는 의미로 해석된다. 다시 말해서 한국 정부가 외환 시장에 개입하지 말 것을 국제통화기금 IMF은 우회적으로 요구한 것이다[머니투데이 세종=박재범 기자, 2014.4.17].

IMF는 정부의 환율 정책에 대해 강하게 문제 제기를 했다. IMF는 한국의 환율정책은 때때로 적극적인 시장 개입을 수반했고 개입은 환율 상승과 하락 양방향 모두에 대해 이뤄졌으며 비대칭적이었다.

또 원화가 절상될 때 한국 당국이 '더 적극적으로(be more active)' 외환시장 개입에 나서는 경향이 있었다. 이자소득으로 설명할 수 없는 외환 보유액 증가와 원화가 절상될 때 치솟는 선물환 포지션이 예이다. 실례로 2012년 10월부터 2013년 5월까지 원화가 절상되는 동안 한국은행의 선물환 포지션이 82%나 증가한 점을 편향적인 개입의 증거로 볼 수 있다.

원화는 계속해서 시장에서 결정되는 것이 바람직하다. 당국의 개입이 원화 절상 속도에 영향을 줘서는 안 된다. 원화가 더 절상되면 경제 리밸런싱에 더욱 도움이 될 것이라고 말한다. 또 경상수지 흑자도 한국의 교역조건 변화가 완전히 반영된 것은 아니지만 한국의 경상수지 흑자는 평균보다 3%~4% 많다고 IMF는 평가하고 있다.

한국의 통화정책과 관련해 현재의 완화적 통화정책이 적절하다. 아웃 풋 갭이 줄어든다는 확신이 있기 이전까지 통화정책을 정상화해서는 안 된다고 IMF는 조언하고 있다. 또 내수부양을 위한 재정지출을 늘릴 필요가 있다는 정책 조언도 곁들였다.

그러나 한국 정부는 IMF 스태프가 정부의 외환시장 개입에 대해 분석한 부분이 적절하다고 생각하지 않는다고 반박했다. 한국 경제의 높은 개방도, 북한 핵 등 지정학적 위험, 대외 이벤트에 대한 **원화 환율의 오버슈팅 경향** 등을 고려할 때 시장 개입은 과도한 변동성을 줄이는 유용한 수단이라는 게 정부입장이다.

그러면서 환율은 시장에서 결정되고 있으며 외환시장 개입은 과도한 변동성 완화하기 위한 스무딩 오퍼레이션(미세조정) 차원에 불과하다고 주장하고 있다[머니투데이 세종=박재범 기자, 2014.4.17/ 국제통화기금 IMF 2013년 연례협의 보고서ARTICLE IV STAFF REPORT].

- 환율에 몸살 앓는 한국경제

한국기업들은 오랜 세월 동안 고환율로 편하게 성장해 왔다. 원화 강세로 대미 환율 하락에 수출기업들이 비상이 걸렸다. 연내에 세 자릿수 환율 시대를 맞을 수 있다는 전망이 나오면서 산업계는 벌써부터 아우성이다. 원화강세가 거시경제와 기업, 금융시장(금리정책)에 미치는 영향은 매우 크다.

최근 들어서 글로벌 금융위기에서 빠르게 벗어나며 놀라운 성장세를 일궈낸 원동력인 환율이 거꾸로 발목을 잡고 있는 상황이 전개되고 있다. **세계경제가 여전히 불확실한 가운데 경쟁업체들의 노골적인 견제로 정보기술**(IT), **자동차 등 우리 주력산업 성장세는 눈에 띄게 주춤하고 있다**. 2009년부터 지속돼온 미국의 양적완화 축소(테이퍼링)까지 겹치면서 달러 강세(미국 경상수지 적자)→경상수지 흑자국 절상 압력으로 이어지는 불균형의 정상화와 신통화전쟁까지 더해지고 있다.

한국경제는 수출 위주의 소규모 개방경제 구조 때문에 환율변동

에 민감하다. 환율 변동이 수출가격 전가에 미치는 상당히 크다. 원.달러 환율이 하락(원화가치 절상)하면 한국의 수출기업들이 달러 표시 수출가격이 올라가 경쟁력을 잃게 된다. **환율이 수출에 미치는 영향력이 과거보다 작아지기 했지만 아직도 상당한 영향력을 발휘하고 있다.** 한국기업들은 환율이 떨어지면 수출품 가격을 올려야 하지만 가격을 마음대로 인상할 수 없는 현실 때문에 결국 채산성 악화에 직면하기 일쑤다.

한국 기업들은 환율이 급락할 때마다 아우성이다. 여기다 엔저 현상까지 한국경제를 위협한다. 원·엔 환율이 100엔당 연평균 1000원 또는 950원으로 떨어지면 국내 총수출은 모두 줄어들 것으로 예상한다.

한국은 2013년 사상 최대 규모인 799억 달러의 경상수지 흑자를 기록했다. 올해 들어서도 지난 3월 경상수지가 73억5000만 달러 흑자를 기록하는 등 25개월째 흑자다. 한국자산에 대한 러브콜도 이어지고 있다. 연초 국내 주식시장에서 팔자에 나섰던 외국인들은 4월, 5월에 각각 2조8000억원, 1조2000억원가량을 사들였다. 외환보유액도 3543억달러에 달할 정도로 안정적이다. 외환보유액은 환율 변동폭이 커질 때 시장을 안정시킬 수 있는 버퍼 역할을 한다.

한국경제는 새로운 통화전쟁에 휘말릴 수 있다. 세계 각국은 경

쟁적으로 통화가치를 끌어내리며 통화전쟁에 나선다. 영국 중앙은행은 선진국에선 처음으로 금리를 인상할 가능성을 내비치고 있다. 유럽중앙은행은 지난해 11월 기준금리를 역대 최저치인 연 0.25%로 낮췄다. 신흥국들이 최근 금리인상이라는 극약처방을 꺼내들었고, 중국은 위안화 가치 하락을 용인하고 있다. 한국은 통화전쟁을 일삼는 대국들의 희생양이 될 수도 있다.

1997년 외환위기의 공포를 안 겪는 다는 보장이 없다. 지금 외환위기 시발점인 1994년 글로벌 경제상황과 많이 닮아 있다. 불황에서 허우적대던 미국 경기가 활기를 되찾자 연방준비제도이사회(FRB)는 확장적 통화정책을 긴축으로 급선회한다. 그러자 미국 시장을 떠나 중남미에 둥지를 틀었던 외화자금이 이탈했고, 심각한 금융위기가 터졌다.

통화전쟁의 근원은 미국의 테이퍼링에 따른 달러강세다. 여기에 국내총생산(GDP)의 3%까지 늘 것으로 보이는 경상수지 적자를 줄이기 위해 미국이 1980년대와 같은 환율절상 압력을 가할 것이다. 1980년대에는 일본이 타깃이었지만 이제는 중국과 한국이 될 것이다. 미국은 중국, 독일, 일본, 한국 등을 경상수지 흑자국으로 거명하고 있다. 1980년대 통화전쟁의 표적이 당시 최대 경상흑자국이던 일본이 표적이었다면 이번에는 한국, 중국 등이 주된 대상이 될 것이다. 올해 미국의 원·달러 환율 절상 압력이 더욱 거세질 것이다.

- 한국 금융시장의 불안정

국제 금융시장에서 한국은 흔히 현금인출기로 통한다. 외국인 입장에서는 악재가 있을 때 한국만큼 자금을 빼가기 쉬운 곳이 없기 때문이다. 자본시장이 사실상 개방된 상황에서 현실적으로 외국인이 자금을 빼나가는 것을 막을 뾰족한 방책은 없다. 다만 외국인의 이탈로 발생하는 금융시장의 충격을 흡수하는 장치들은 여럿 있다. 지난 1997년 외환위기 트라우마의 영향이다. 정부는 유출 방지보다는 현실적으로 핫머니 유입을 차단하는 데 초점을 두고 있다. 이른바 외국인 채권 과세 등 거시건전성 3종장치가 대표적이다. 2010~2011년 유럽 재정위기 때 이런 장치들은 빛을 발했다.

금융당국은 외환위기를 거치면서 최악의 비상사태가 발생하지 않도록 하는 예방적 조치에 힘을 쏟아왔다. 충분한 보유외환과 낮은 단기외채 비중, 안정된 국가채무 등 대외 건전성 지표가 양호한 게 그러한 노력의 결과다.

정부는 자본유출에 대비해 거시건전성 3종 세트(선물환 포지션 제도, 외국인 채권투자 과세, 외환건전성 부담금) 완화 여부를 검토한다는 전략이다. 한국 경제의 기초체력이 탄탄한 만큼 급격한 자본유출은 겪지 않겠지만 '만사불여(萬事不如) 튼튼' 차원에서 살펴보겠다는 게 정부 전략이다.

이 같은 대외 건전성 지표는 정부가 내년쯤 미국이 출구전략을 가동(금리인상)해도 한국에서 급격한 자본유출 가능성은 크지 않다고 판단하는 근거이기도 하다. 이머징마켓 가운데 한국만큼 투자안정성이 보장된 국가가 그리 많지 않기 때문이다.

수익성과 안정성 측면에서 한국이 다른 신흥국에 비해 매력적인 것은 분명하다. 최근 달러가 계속 강세 추세이지만 다른 통화와 비교하면 원화도 강세를 달리고 있어 환율 차이, 대내외 금리차에 따른 자금이탈 가능성 높지 않는다고 설명한다.

하지만 정부는 만일의 사태에 대비해 비상대책을 마련해놓고 있다. 외국환거래법 등에 근거한 컨틴전시 플랜이다. 현행 외국환거래법 제6조, 일명 '세이프가드' 조항에 따라 기재부 장관은 천재지변, 전시, 사변, 국내외 경제 사정의 중대하고도 급격한 변동이 발생할 경우에는 대통령령에 따라 직접 외국환 거래의 전부 또는 일부를 정지시킬 수 있다.

또 국제수지 및 국제금융상 심각한 어려움에 처하거나 처할 우려가 있는 경우, 대한민국과 외국 간의 자본이동으로 통화 · 환율 및 그 밖의 거시경제정책을 수행하는 데 심각한 지장을 주거나 줄 우려가 있는 경우 외화를 한국은행과 정부기관 등에 보관 · 예치 또는 강제 매각하도록 할 수도 있다. 세이프가드는 외환위기 때도 발동

되지 않은 상징적인 조치이다. 이런 일이 실제 발생하지 않도록 하는 것이 최선이다.

미국의 금리인상이 시작돼 자본유출이 본격화하면 동원할 현실적 카드들도 있다. 국채시장에서 대규모 자본유출이 이뤄진다면 월별 발행물량을 일시적으로 줄이거나 단기물을 늘리고 장기물을 줄이는 등의 방안도 언제든 동원 가능한 수단이다.

좀 더 심각해지면 거시건전성 3종 세트의 규제 수위를 높일 수도 있다. 예컨대 선물환 포지션을 더 축소하면 외환시장 변동성을 줄일 수 있다. 2012년 외환당국이 유력하게 검토했던 '토빈세(외환거래세)'를 도입하는 방안도 본격화할 수 있다.

정부가 거시건전성 3종 세트의 완화 방침을 밝힌 것은 최근 글로벌 금융시장의 환경이 급변하고 있으며 이에 따라 자본 유출입 환경도 제도를 도입한 4년 전과 달라진 만큼 변화가 필요하다는 판단 때문이다.

그러나 정부는 최근 외국인 자본 유출입에는 큰 문제가 없다는 입장이다. 다만 향후 외국인 자금이탈 등을 고려해 거시건전성 3종 세트의 관리 강도나 방향을 재점검하겠다는 의지다. 정부는 자본유입의 역방향 교란 가능성을 지목하기 때문에 기존 3종 세트의 완화를 넘어 해외자본의 관리 방향 자체를 유입에서 유출에 방점을 찍는 새로운 대책을 내 놓을 것으로 보인다[서울경제, 세종=김정곤 기자, 2014.10.13].

- 자금시장의 불안

국내 부동산과 주식 · 채권 · 예금 등 모든 금융시장이 부진을 면치 못하면서 **마땅한 투자처를 찾지 못한 시중 부동자금이 사상 최대치로 불어났다.** 현금통화 등 6개월 미만 모든 금융상품의 자산 규모가 지난 15일 기준 715조9천850억원으로 작년 말보다 10조원가량 증가했다[서울=연합뉴스 윤선희 김남권 기자, 2014.4.22].

단기 시중 부동자금에는 현금통화 외에 만기 6개월 미만과 수시 입출금이 가능한 상품인 수시입출식저축성예금, 정기예금 · 요구불예금 · 머니마켓펀드(MMF) · 양도성예금증서(CD) · 종합자산관리계좌(CMA) · 환매조건부채권매도 · 매출 · 발행어음 등이 포함된다.

이 중 수시입출식저축성예금과 MMF 잔액은 작년 말보다 각각 2조원과 9조원 늘어났다. 시중 부동자금이 사상 최대 규모로 늘어난 건 2008년 말 세계 금융위기 이후 살인적인 초저금리와 극심한 불황 여파로 부동산시장과 주식, 채권, 펀드, 예 · 적금 등 모든 투자시장이 살아나지 못하고 있기 때문이다. 올해 들어 코스피가 줄곧 2,000 안팎의 박스권을 벗어나지 못하자 펀드 투자자들의 환매 요청이 쇄도하는 반면 신규 투자자금 유입이 적어 단기 부동자금이 급증한 것으로 풀이된다.

국내 주식형 펀드에서는 지난달 27일부터 전날까지 무려 16거래일 연속 자금 순유출을 보이며 모두 1조4천억원의 자금이 빠져나갔다. 펀드에서 이탈한 자금은 수시입출금식 상품인 MMF나 CMA, 단기 예금 등으로 이동했다.

주식시장 부진으로 주식 대차잔고도 47조에 육박해 사상 최고치를 기록했다. 지난달 말 기준 코스피와 코스닥시장의 대차잔고 금액은 46조3천만원이다. 지난달 대차잔고는 월별 기준으로 최고였던 2012년 10월(43조5천만원)보다 2조8천만원 많았다. 3월 말 대차잔고 수량도 14억1천만주로 역대 최고치를 기록했다.

이달 들어서도 대차잔고는 꾸준히 늘어 지난 8일 46조9천697억원까지 불어났다. 대차거래는 주식을 장기 보유하는 기관투자자 등이 주식을 필요로 하는 다른 투자자에게 일정 수수료를 받고 빌려주는 것을 뜻한다. 주가가 하락할 것을 예상한 투자자는 주식을 빌려 매도(공매도)한 후 주가가 하락하면 다시 사들여 빌린 주식을 돌려준다. 즉 주식 대차잔고가 늘어났다는 것은 대차거래에 나선 상당수 투자자가 주가가 박스권을 뚫고 올라가지 못하리라 전망해 현물을 사서 대차잔고를 갚지 않고 계속 보유하고 있다는 것으로 분석된다.

대차잔고가 많이 쌓인 업종이나 종목은 앞으로 공매도로 주가가 내려갈 가능성이 있다. 지난 3개월간 대차잔고가 많았던 종목은 전기전자(9조4천억원), 화학(5조7천억원), 운수장비(5조1천억원), 철강금속(3조6천억원), 유통업(2조원) 등이었다.

시중 부동자금과 주식 대차잔고가 사상 최고치로 불어난 것은 주식 등 금융자산의 상승 가능성이 작다고 점치는 투자자들이 많다는 의미다. 그러나 코스피가 2,000선을 뚫고 올라가면 부동자금이 주식 등 투자자산으로 몰리고 대차잔고도 줄어들어 시장이 추세적인 상승세를 보이는 선순환 구조가 기대된다[서울=연합뉴스 윤선희 김남권 기자, 2014.4.22].

- 대량 자본유출입은 금융 불안 유발

2014년 1월 2월 두 달간 신흥시장에서 빠져나간 미국 투자자금이 2013년 한 해 동안 유출된 액수보다 더 많았다. 2014년 2월까지 신흥국 시장에 대한 미국의 상장지수펀드 ETF 투자 잔액은 113억 달러, 우리 돈으로 12조 원 가량 줄어들었다. 이는 지난 한 해 동안의 전체 감소 액인 88억 달러를 올해 들어 두 달 만에 넘긴 것이다.

반면에 같은 기간 유럽으로의 투자 잔액은 50억 달러가 늘어났다. 지난해 180억 달러가 불어난 데 이어 증가세는 더 빨라지고 있다. 이런 현상은 투자자들 사이에서 올해 신흥국의 성장세가 주춤할 것이란 우려가 퍼지고 있기 때문이다.

지난 2011년부터 시작된 중국 경제의 저성장에 더해 터키와 남아프리카공화국 등의 통화가치 불안 그리고 우크라이나의 정정불안 등 신흥국 발 악재는 계속되고 있다. 반면에 유럽은 경제 심리가 9개월째 호전되는 등 지난 2011년 재정위기의 여파를 점차 수습하며 미국 투자자들의 대안으로 떠오르고 있다[SBS, 2014.2.28 / 블룸버그].

신흥국 발 악재는 국내 금융 불안을 야기할 수 있고, 환율 불안정을 가져와 실물경제에도 악영향을 미칠 수 있다.

17. 미 중의 금융 전쟁에 끼인 국내금융 불안

국제금융전쟁이 시작되고 있다. **중국이 21세기 중엽에 세계 경제의 진정한 강국이 되는 데 가장 중요한 걸림돌은 금융 대전이지만 미국의 금융공격을 중국이 막아낼 수 있을지는 의문이다.** [머니투데이 베이징(중국)=송기용특파원, 2014.4.13/ 쑹훙빙 중국 글로벌재경연구원장].

세계 G2로 성장한 중국에게 군사력과 함께 미국의 막강 파워를 보여주는 금융의 힘은 두려움의 대상이다. 위안화를 달러에 맞먹는 기축통화로 키워야겠다는 갈망 역시 미국의 금융공격에 대비한 방어망이다.

중국은 위안화 국제화를 추진한다고 선언한지 5년이 흘렀다. 위안화 국제화를 위한 로드맵을 차근차근 밟아나가고 있다. 2010년 홍콩에 위안화와 미국 달러화 간 역외 외환시장을 개설했고, 중국 본토 주식 · 채권 시장에 대한 외국인 투자 한도 확대, 세계 각국과

의 통화스와프 협정 체결 등이 그것이다. 지난달에는 위안화 환율 하루 변동 폭을 ±1%에서 ±2%로 확대해 시장 영향력을 확대하는 조치도 시행했다.

아직도 갈 길은 멀지만 위안화의 국제화는 탄력을 받고 있다. **위안화는 현재 세계 화폐순위(결제량 기준)에서 스위스 프랑과 함께 7위권이지만 성장 잠재력 있는 화폐로 평가받고 있다.** 글로벌 금융위기 이후 지속적인 경제위기로 미국 달러화의 가치가 흔들리는 반면 위안화 보유에 대한 욕망이 세계 각지에서 증가하고 있기 때문이다.

중국은 위안화가 2~3년 안에 일본 엔화, 영국 파운드화를 제치고 지급결제 및 가치저장 통화로 활용될 것이다. 위안화의 국제화지수가 1.88로 엔화(4.50), 파운드화(4.19)에 뒤지지만 현재 추세를 고려할 때 2~3년 안에 넘어설 것이다. 기축통화인 미국 달러화(54.69), 유로화(24.13)의 국제화지수와 현격한 격차가 있지만 일본의 엔, 영국의 파운드라는 막강한 경쟁자 위치에 온 것이다. 위안화의 위상은 최근 유럽 양대 경제대국인 영국과 독일이 벌인 위안화 거래기관 설치 경쟁에서 확연히 드러났다.

영란은행은 중국 인민은행과 런던에 위안화 청산결제은행 설치에 2014년 3월 합의했다. 이 합의로 은행, 기업들이 위안화를 국제 결제수단으로 사용하는 것이 가능해졌다. 하지만 영국은 위안화 거래 허브 경쟁에서 독일에 '유럽 최초' 자리를 빼앗겼다. 영국보다 앞서 독일 연방은행이 인민은행과 프랑크푸르트에 청산결제은행을 설립하는 양해각서에 합의했다. 영국과 독일이 이처럼 위안화 거래 경쟁을 벌인 것은 외환보유고가 올해 말이면 4조5000억 달러에 달할 것으로 추정되는 중국의 천문학적인 자본을 끌어들여 자국 경제를 활성화하겠다는 속셈이 있기 때문이다.

위안화 국제화를 통해 정치는 물론 경제에서도 미국과 함께 명실상부한 G2 자리를 굳히려는 중국에게도 유럽 진출은 바라던 일이다. 중국은 해외 거래 시 위안화 결제를 역외 외환시장이 설치된 홍콩을 통해 처리하고 있는데 프랑크푸르트, 런던 등 유럽 주요도시에서 위안화 결제 거래가 시작되면 위안화의 국제화가 빠르게 이뤄질 것이다.

잘 나가는 위안화에 미국이 견제구를 날렸다. 중국 정부가 인위적으로 환율시장에 개입해 위안화 약세(위안화 가치 하락)를 주도하고 있다는 것이 그것이다. 미국은 위안화 환율 움직임을 예의 주시하며 위안화 약세가 중국의 환율 정책 기조 변화를 의미한다면 심각한 문제라고 강조한다. **중국이 인위적 개입을 자제하고 시장 영향력을 확대하는 방향으로 환율정책을 운용하겠다는 약속을 깰 경우 심각한 문제가 발생할 것이라고 경고한다**. 이는 올 들어 달러 대비 위안화 가치가 2.5% 하락하는 등 위안화 약세(달러화 강세)가 지속되는데 불만을 표출하는 동시에 중국에 환율조작국의 오명까지 씌우는 것도 불사하고 있다.

위안화 가치가 떨어지면 중국 기업들의 수출 경쟁력이 강화되고 수입 물가가 올라 중국인들의 외국제품 수요가 줄어드는 효과가 발생하는 만큼 미국이 민감하게 반응할 수 밖 에 없다. 미국은 그동안 기회가 있을 때마다 중국이 인위적으로 위안화 가치를 떨어뜨리고 있다며 위안화 절상을 요구해왔다.

중국은 환율개입 주장을 반박한다. 2월 중국 무역수지가 예상과 달리 230억 달러의 적자를 기록한 점만 봐도 위안화 절하가 중국 정부의 인위적 개입 때문이라는 의혹은 사실과 다르다고 주장한다. 앞으로 위안화 환율은 점점 더 시장에 의해 결정될 것이며 환율에 대한 인민은행의 역할은 약해질 것이라고 강조한다. 하지만 **위안화 환율이 온전히 시장에서 결정되기까지는 아직 갈 길이 멀어 보인다. 특히 한국의 입장에서는 미중의 금융전쟁 틈바구니 속에서 국내 금융 불안이 야기될 수 있다는 점이다.**

18. 신흥국의 과도한 기업부채는 금융 불안 유발

신흥국 기업들의 빚이 위험 수준에 도달했다. 2008년 금융위기 이후 5년여 동안 지속된 초저금리 기조에 힘입어 신흥국 기업들이 빚을 너무 많이 늘렸기 때문이다.

지역별 편차가 크긴 하지만 **신흥국 경제는 부채 급증에 직면하고 있다. 잠재적인 자금유출 규모와 이를 감당할 수 있는 능력이 일치하지 않는 유동성 부조화 현상이 벌어지고 있다.**

선진국이 본격적인 양적완화 축소에 나서면, 그동안 초저금리로 부채를 늘려 왔던 신흥국들이 금리 상승과 자금 이탈의 '충격'을 받을 수 있다. **미국 연방준비제도(Fed)의 테이퍼링이 완만하게 이뤄지더라도 금리 상승 속도가 빨라지면 신흥국 경제가 어려움에 처할 수 있다.**

과다 부채에 따른 금리 상승과 함께 수익성 약화와 환율 문제까지 겹친다면 신흥국 기업들은 상당한 경영상 압박을 받을 수밖에 없다. 차입비용이 25% **증가하고, 이익이** 25% **감소하는 시나리오에서** 15**개 신흥국 기업들의 부실 채권은 전체 기업 차입의** 35%**에 해당하는** 7400**억 달러(약** 780**조원)에 달할 것이란 관측이다.**

아르헨티나, 터키, 인도, 브라질의 부실기업 비중이 유난히 높다. **현재 신흥국 부실기업 여신 비중은** 2008**년 리먼브러더스가 파산했을 때보다 더 높다.** 글로벌 경제 회복에 악영향을 미칠 수 있다. 2009~2013년 신흥국 기업들의 회사채 순 발행액은 3배로 불어났다. 지난해에만 3000억 달러(315조원)어치가 발행됐다. 이미 **중국, 헝가리, 말레이시아 기업들의 부채는 국내총생산**(GDP) **대비** 100% **를 넘어선 상태다**[워싱턴 = 이진우 특파원, 매일경제, 2014.4.10/IMF ; 금융안정성(GFS) 보고서]. 신흥국의 과도한 기업부채가 연쇄적인 신흥국위기를 유발하면 국내금융도 언제든지 불안을 야기할 수 있다.

19. 금융의 안정과 효율성

한 나라의 금융안정 또는 금융시스템 안정이란 금융기관 안정(institution stability)**과 금융시장 안정**(market stability)**을 동시에 달성한 상태를 의미한다**. 금융기관의 경영 효율성은 금융기관과 시장의 안정이 담보될 때 최대로 발휘될 수 있다.

금융기관 및 금융시스템의 안정이 중요한 것은 금융 중개 기능이 효율적으로 작동하는 것을 기대할 수 있기 때문이다. 금융기관 안정은 금융기관들이 자체 능력으로 어려움 없이 금융계약 의무를 이행할 수 있고 시장참가자들이 이를 신뢰하는 상태가 유지되는 상황이다.

금융시장의 안정은 금융시장에서 금리, 주가, 환율 등의 시장가격 변수들이 경제기초여건(fundamental)을 정상적으로 반영하여 가격 변동이 안정적으로 장기간 유지되는 상태를 말한다.

이와 같이 금융시장과 금융기관의 안정 및 금융기관시스템의 안정은 상호 밀접히 의존한 관계에 있다. 어떤 요인에 의해 형성된 거품이 일시에 붕괴되면 금융시장 안정이 흔들리면서 동시에 금융기관과 경제주체의 부실채권을 양산하여 금융기관 불안으로 이어지면서 금융기관 시스템에 위기를 가져올 수 있다.

이러한 이유로 관계당국은 금융안정을 중요한 정책목표로 삼고 있다. 금융안정은 자원배분의 효율성을 높이고 지속적 안정적인(sustainable and stable) 경제성장을 뒷받침 한다.

금융안정이 훼손하면 심각한 경제위기를 초래해 경제시스템이 붕괴될 수 있다. 따라서 정책당국은 금융 불안을 사전에 예방하고 금융안정을 중요하게 여길 수밖에 없는 것이다.

금융시스템 안정 또는 금융안정은 금융시스템이 금융수단의 배분기능과 지불거래 및 증권 거래 기능 등의 경제적 핵심 기능을 효율적으로 수행할 수 있는 능력을 말한다.

다시 말해서 **금융시스템 안정이 쇼크를 받거나 스트레스 상황에 처할 때 또는 구조적인 급변 국면에 빠져 있을 때 발생하는 교란요인을 흡수할 수 있는 능력이 확보될 때 금융안정이 달성된다고 볼 수 있다.**

금융시스템은 금융부문과 실물부문의 양 부문에서 발생하는 쇼크를 내부적으로 흡수할 있는 능력을 가진 시스템이 가장 이상적인 금융안정 시스템이다.

금융시스템의 핵심 기능이 교란되면 높은 국민경제적인 비용을 초래한다. 이런 교란은 보통 은행이나 기업이 파산하거나 또는 극도로 핍박한 신용자금으로 자금차입이 막히는 금융위기 때 일어난다. 금융위기가 발생하면 경제성장의 손실을 입고 나아가 여러 전환통로를 통해 여러 경제부문과 여러 나라에 확산돼 나간다.

위험 높은 행위로 발생한 비용은 원인유발 기관을 뛰어 넘어 확산된다. 세계 각국은 1970~80년대 높은 인플레이션을 경험하면서 물가 안정 없이는 지속적인 경제성장과 국제수지 균형이 불가능하다는 것이 인식되었다. 당시 경험한 바탕으로 국가정책은 물가안정에 최우선 목표를 두고 있다.

중앙은행이 주관하는 통화정책의 파급효과는 금융부문을 통해 실물경제에 파급된다. 따라서 금융부문이 불안하고 정상적인 기능을 수행하지 못하면 통화정책의 파급경로가 원활히 작동하지 않고 왜곡된다. 이는 통화정책의 효과를 감소시키거나 역효과를 초래할 수 있다. 시장경제에서는 시장 자체가 정상적으로 움직일 때 통화정책 결정에 유용한 정보를 제공한다.

금융시장은 실물시장과 달리 신속하고 빠르게 움직이며 대량으로 이동하는 속성을 지니고 있으므로 신속한 정보를 제공 받을 수 있다. 금융자산 가격과 거래량의 움직임은 향후 경제상황에 대한 시장의 평가와 전망, 그리고 통화정책에 대한 기대 등을 보여주는 중요한 정보인 것이다.

이러한 정보에 기초하여 정책을 입안하고 또한 시장에 신호를 보내며 민간인들 역시 시장정보를 통해 경제행위의 근거로 삼는다. 따라서 금융안정 없이는 물가안정을 이룰 수 없고 지속가능한 경제성장도 불가능하다.

중앙은행의 금융 안정 역할은 무엇보다도 물가안정을 통한 금융안정화 역할이 중요하다. 물가 안정을 통해 경제의 불확실성을 제거함으로서 금리, 환율, 주가, 부동산가격 등 자산가격의 변동 폭을 줄인다.

높은 인플레이션이 지배하는 경제에서는 기업 도산율과 금리가 높아지고 신용등급 간 금리격차가 확대되고 장기금융계약이 체결되기 어려워지며 부채구조가 단기화 된다. 이러한 경제는 외부충격에 매우 예민하게 움직이는 취약한 상태로 노출되어 금융위기 발생 가능성을 높인다.

금융시장 안정에서 시장의 수급사정을 반영하는 금리, 환율 등 가격변수의 가격 안정화 역할이다. 일시적인 수급 애로나 투기적 기대와 거품으로 인해 발생하는 금리, 환율 등의 급등락은 금융안정을 해칠 수 있다.

이 경우, 중앙은행은 정책수단을 통해 사전에 시정하는 역할을 한다. 이러한 정책으로는 공개시장조작(open market operation), 외환시장 개입(smoothing operation), 공개발언정책(open mouth operation) 등이 있다. 이러한 수단들은 중장기적인 관점에서 시장의 자율적 기능을 최대한 살리면서 사용하는 것이 바람직하다.

다음은 지급결제제도의 안정화이다. 어느 한 금융기관이라도 자금부족, 또는 결제시스템의 고장으로 자금 결제에 결정적 차질이 발생하면 그 여파가 다른 금융기관에 연쇄적으로 파급되어 일시에 금융시장 전반이 불안할 수 있다.

특히 금융자유화· 개방화로 금융거래가 다양해지고 그 규모도 커짐에 따라 이러한 위험성이 크게 증가하였다. 이러한 상황으로 채권· 채무의 결제가 안전하고 효율적으로 이루어지는 지급결제시스템 관리의 필요성이 증대하였다. 결제시스템의 구축과 결제리스크에 대비한 대책 요구가 강화된 것이다.

마지막으로 금융안정화 역할로서 중앙은행의 최종 대부자 역할의 수행이다. 중앙은행은 화폐의 독점 발행자로서 개별 금융기관 또는 전체 금융시장에 유동성 부족 시 무제한 유동성을 공급할 수 있다.

예금인출사태(bank-run)의 경우, 자산과 부채의 만기 불일치, 대출회수시간 소요 등으로 한 은행의 유동성 위기가 금융시스템 전체로 확산되는 것을 사전에 예방하는 것은 중앙은행의 임무이다.

중앙은행은 금융시스템에 충분한 유동성 공급조절에 대한 강력한 의지를 표명함으로써 위기를 극복한다. 중앙은행은 유동성을 공급하겠다는 의사표시만으로도 금융거래 참가자들의 불안심리가 진정시킴으로서 금융안정을 실현시킬 수 있다.

특히 1990년 들어 은행, 증권, 보험끼리의 전문금융영업의 칸막이가 철폐되고 세계적인 금융통합화가 진행되면서 금융안정이 물가안정과 함께 각국 중앙은행의 주요 정책목표로 부상하였다.

각국의 정책당국의 정책적인 노력과 세련된 정책수단개발 및 관리기술의 향상으로 그 동안 물가 안정에 성공적으로 유지되어 왔지만 최근 금융위기 등 금융 불안정성이 국제적으로 확산되면서 중앙은행은 금융안정을 중요한 과제로 인식하였다.

20. 부동산 시장의 불안정은 금융 불안 요인

극심한 침체기였던 2013년 깡통주택이 확산되었다. 한국에서 전세를 낀 집주인은 최근 4명 중 1명꼴로 전세금을 올려 받아 빚을 갚는 데 썼다. 세입자는 전세금을 올려주려고 평균 5천만원을 또 대출받는다. 그러나 **집값 하락 탓에 보증금을 온전히 돌려받지 못할 수 있는 '깡통주택'은 30만 가구를 넘었다**[서울=연합뉴스 홍정규 기자, 2013.11.01/한국은행 국회제출 금융안정보고서].

주택담보대출을 받은 집주인 가운데 대출금을 2천만원 이상 조기 상환한 집주인 비중은 6월 말 기준 26.8%에 이른다. 거래 관행상 집주인은 전세금 인상분으로 주택담보대출을 조기 상환한다. 현재 집주인 4명 가운데 1명은 전세금을 올려 받아 빚을 갚는 셈이다. **이 비중은** 2009**년 말** 4.3%, 2010**년 말** 9.3%, 2011**년 말** 15.6%, **지난해 말** 22.5%**로 상승세다**. 이처럼 전세를 낀 주택의 평균 가격은 3억원이다. 2년 전에는 3억4천만원이었다. 집값 하락으로 시세 4천만원

(11.8%)이 증발한 것이다.

이 주택의 자금 구성을 보면 집주인 자신의 돈은 평균 7천만원에 불과하다. 나머지 2억3천만원 가운데 1억4천만원은 나중에 돌려줘야 할 전세금이다. 집주인은 전세금 1억4천만원의 절반인 7천만원을 집 살 때 받은 대출금(1억6천만원)을 갚는 데 쓴다. 세입자는 1억4천만원의 전세금을 내야 하지만, 자기 자금은 9천만원뿐이다. 결국 5천만원을 은행에서 빌린다.

이를 두고 **'임대인(집주인)의 채무 부담 일부가 임차인(세입자)에게 이전되는 효과'라고 부른다. 집주인이 과도한 주택담보대출 상환 부담에 전세금 인상분을 빚 갚는 데 쓰지만, 이는 결국 세입자의 전세자금대출 상환 부담으로 전가된다는 것이다.**

우리나라 전체 세입자가 갚아야 하는 전세자금 대출은 지난 6월 말 60조원을 넘었다. 2009년 말 33조5천억원에 불과했던 게 3년 반만에 약 2배로 불어났다. 더 큰 문제는 집값 하락이다. 자기 자금이 7천만원인 집주인은 나중에 세입자를 구하지 못해 1억4천만원의 보증금을 돌려주려면 집을 팔거나 대출을 받아야 한다. 그러나 **집을 팔아도 '대출금+보증금'에 모자란 집, 이른바 '깡통전세'가 이미 수두룩하다. 현재 세입자가 집주인에 맡긴 보증금은 400조~500조원에 이른다.**

깡통전세는 집값 하락과 집주인의 원리금 상환 부담이 지나친 가구다. 보증금을 고려한 실질 담보인정비율(LTV) 70%, **총부채상환비율**(DTI) 50%**를 넘는 주택이다**. 깡통전세 주택이 전세를 낀 전체 주택의 9.7%다. 370만 전세 가구를 대입하면 약 36만가구가 깡통전세로 전락한 것으로 추정할 수 있다.

현재 규정상으로는 전세주택의 LTV가 48.4%로 규제기준 이하지만, 전세보증금도 일종의 빚이므로 이를 고려한 실질 LTV는 75.7%에 이른다. 집값이 하락하는 과정에서 전세금은 계속 올라 임차인 입장에선 전세계약이 끝날 때 전세금 회수 리스크에 노출된다는 점이다[서울=연합뉴스 홍정규 기자, 2013.11.01/한국은행 국회제출 금융안정보고서].

끝없이 반복되는 기업금융 지원의 악순환이 계속되고 있으며 금융 불안의 악순환을 연장시킨다. 끝없이 반복되는 기업금융지원의 악순환이 되풀이 되면서 정부개입이 해년마다 늘어나고 있다. 관치경제의 전형이 관행처럼 굳어지고 있다. 시장경제의 자율기능이 사라진지 오래다? 자율기능에 의한 안정화 역할과 기능이 확립되지 못하는 상황을 반복할 수 있다는 것을 보여주고 있다.

– 가계부채 과다 - 금융 불안 - 경제 기초체력 위협

한국경제는 펀더멘털(기초체력)이 양호하다고 주장한다. 그러나 튼튼한 펀더멘털'론(論)에 의문을 제기하는 비판자들이 적잖다. 1997년 국가부도 사태의 '펀더멘털 트라우마'가 집단적 기억으로 남은 탓이다. 외환위기가 코앞인데도 강경식 당시 경제부총리가 펀더멘털은 튼튼하다고 큰소리쳤던 기억을 떠올린다[세계일보, 2014.2.11].

단기 관점에서 펀더멘털이 좋다는 데 이견은 없는 듯하다. 우선 경상수지 흑자의 꾸준한 증가, 외환보유액의 넉넉한 규모, 안정적인 물가, 작은 국가채무, 반도체 조선, 자동차, 철강 산업의 강한 국제 경쟁력, 신흥국의 경기부진에도 불구하고 개선되는 경기호전으로 볼 때 분명 한국경제의 펀더멘털은 좋다.

특히 2013년 707억 달러를 돌파한 경상수지 흑자, 3500억 달러에 육박하는 외환보유액은 튼튼한 펀더멘털의 핵심을 잘 보여준다. 한국에 투자하면 떼일 염려는 없겠다는 믿음을 주는 매력적 지표다. 미국 테이퍼링(양적완화 축소) 충격이 허약한 신흥국을 위기로 내모는 상황에서도 한국이 버틸 수 있는 이유다.

그러나 한국경제의 펀더멘털이 좋다고 평가하기에 아직 불안하다. 또한 펀더멘털이 전부일 수 없다. **중장기적 종합적인 관점에서 보면 한국경제의 펀더멘털은 결코 좋다고 할 수 없다. 한국경제는 여전히 취약점을 갖고 있다.**

이런 취약점들은 구조적이고 악순환한다. 대표적으로 가계부채, 공공부채, 도농간, 지역간 계층간 부와 소득의 격차와 양극화, 중소기업과 재벌 계열사 수출 대기업익 양극화, 기업지배구조의 후진성과 대기업 집중 지배 구조 등의 취약점이 너무 많다.

그중에서도 1000조원을 넘어선 가계부채는 금리 정상화(상승)와 함께 한국경제의 위기를 촉발할 수 있는 가장 큰 위험요인이다. 빚이 고소득층에 몰려 있어 큰 위험은 아니라는 정부와 한국은행의 시각과는 다르다.

다수의 경제전문가는 대외적 펀더멘털 지표는 좋지만 내부 지표는 상당히 심각하다고 입을 모은다. 집 팔면 빚 갚을 수 있겠지만 집 팔고 나면 앞날을 살 생활문제가 가장 대표적인 취약성이다.

가계부채는 금리 인상 시기가 오면 감당할 수 없을 만큼 파괴적인 영향을 미칠 수 있다. 한국경제 위기는 2~3년 내 가계부채에서 촉발되는 것을 배제할 수 없다. 가계부채가 너무 커졌기에 금리인상기에 상당한 후폭풍이 올 수 있다.

신흥국 금융위기 확산 시 가계부채 등 부채 문제가 자본유출의 빌미가 될 수 있다. 한국은 신흥국 위기가 올 때 가계부채와 같은 문제로 투자 기피나 자금유출의 가능성이 주 무대가 될 수 있다. 위기의

트리거(방아쇠)는 나라 밖에서 나올 텐데 그에 따른 파문이 파도로 변하는 과정에서 가계부채가 빌미가 될 수 있다[세계일보, 2014.2.11].

– 가계부채 1000조 돌파

실질 가계부채는 소규모 자영업자를 포함해 1000조원을 돌파한 지 오래다. 한국은행 자금순환표에 따르면 2013년 9월 말 '가계 및 비영리단체'의 부채는 1196조6000억원이다. 비영리단체를 가계로 볼 수 없으니 이를 제외한다 해도 실질 가계부채는 1000조원을 훨씬 뛰어넘는다. 순수 일반가계 부채인 가계신용만 해도 2013년 말 1000조원 돌파했다[세계일보, 2014.2.11].

부채의 부담 정도는 가처분소득 대비 부채 비율로 가늠한다. 이 비율은 2008년 149.7%에서 2012년 말 163.8%로 해마다 뛰었다. 정부의 집값 부양책에 따라 빚을 내 집을 사는 행위가 지속된 탓이다. 2012년 말 주요 선진국의 소득 대비 부채 비율은 미국 114.9%, 영국 151.6%, 독일 93.2%로 한국보다 낮다. 미국은 2008년 글로벌 금융위기 이후 디레버리징이 진행돼 해마다 부채비율이 하락했다.

정부와 한국은행은 가계부채 위험성을 애써 불식하려고 한다. 국민들에게 막연한 불안감을 해소시켜야 한다는 당국의 의도다. 아울러 논리적으로 부채의 분포를 들어 호도한다. 가계부채는 주로 고소득층에 몰려 있어 큰 위험이 없다는 논리다. 2013년 소득 5분위(상위 20%) 가구의 평균 부채는 1억3700여만 원으로 전체 가계부채의 47.2%를 차지한다.

가계부채는 안심할 상황이 아니다. 가계부채 위험성이 현실화하는 시기는 미국 출구전략에 따라 신흥국 위기가 확산하거나 금리인상이 시작될 때이다. 금리상승은 가계부채 상환부담을 키워 가계부실 확대→주택시장 재침체→금융권 부실 확대로 이어질 수 있다. 신흥국 위기 시엔 한국의 가계부채가 투자 기피나 자본유출의 빌미로 작용할 수 있다.

한국 정부의 가계부채 대책은 빚을 더 내 집을 사라는 정책으로 요약할 수 있다. 박근혜 정부 들어서도 정책 기조는 그대로 유지되고 있다. 이 정책기조는 위험천만하다. 이제 집값이 올라간다 해도 정상적 상승이라고 보기 어려운 상황이 됐다. 인위적으로 집값을 띄우는 건 더 큰 부작용을 키운다. 집값을 띄워서 해결하는 방법은 가계부채 위험을 키우는 것일뿐더러 추가로 빚을 낼 세력이 있는지도 의문이다.

뾰족한 해법은 없다. 중장기적으로 접근한 경제 정상화로 바로잡는 길만이 해법이다. 양극화 대책을 세워 가계소득을 올리고 부채는 더 늘지 않게 하는 장기 정책으로 갈 수밖에 없다. 양극화의 해소정책은 경제 전반에 걸쳐 광범위하게 이루어져야 한다[세계일보 2014.2.11].

– 자영업자 대출 - 부실화 급증 - 금융기관 불안 - 금융 불안

자영업자 대출이 급증하면서 곧 중소기업 대출을 앞지를 태세다. 서민이 손쉽게 창업에 나선 이후 경쟁이 치열해진 상황에서 경기 침체마저 길어지자 운영자금 등 대출이 크게 늘었기 때문이다.

특히 한계 상황에 내몰린 자영업자 일부는 당장 생존을 위해 금리가 높은 제2금융권은 물론 사채까지 기웃거려 향후 가계부채의 또 다른 폭탄이 될 조짐도 보인다.

국민 · 신한 · 우리 · 하나 · 농협은행 등 5대 시중은행 자영업자 대출 잔액은 2010년 말 94조원 에서 2014년 10월 말 현재 134조원까지 늘었다. 자영업자 대출은 2011년 말 104조원을 기록한 데 이어 2012년 말 114조원, 지난해 말 124조원 규모로 가파른 상승세를 보이고 있다.

반면 기술력 있는 중소기업의 젖줄 노릇을 해야 할 중소기업 대출은 시중은행이 2008년 리스크 관리를 강화해 까다로운 잣대를 들이대고 있어 대출 규모가 오히려 줄고 있는 추세다. 2010년 말 157

조원이었던 대출 규모가 올해 10월 말에는 147조원으로 줄었다.

이 같은 추세라면 내년에는 자영업자 대출 규모가 중소기업 대출을 추월할 가능성이 높다. 문제는 연체율이다. 경기 침체와 맞물려 은행 건전성에도 부담을 줄 수 있다. 실제로 지난해 말과 비교해 올 10월 말 자영업자 대출 연체율은 하나은행이 0.44%에서 0.82%로 두 배 가까이 점프했다. **이처럼 한국의 자금중재기관의 비효율적 기능이 작동하는 한, 자원배분기능은 갈수록 왜곡구조화 될 것이다.**

21. 금융기관의 건전성 악화는 금융 불안 요인

가계와 기업의 양극화, 금융기관의 건전성 악화가 가장 위협 요인이다. 올해 세계 경제가 선진국을 중심으로 완만한 회복 흐름을 보이면서 성장 동력이 신흥국에서 선진국으로 전환되고 있다. 국제통화기금(IMF)은 올해 세계 경제 성장률을 3.6%로 전망했다. 미국이 양적완화 축소를 결심할 만큼 뚜렷한 회복세를 나타내는 가운데 유로지역도 경기침체 국면을 벗어나 점진적으로 회복 중이다. IMF에 따르면 선진국 경제성장률은 지난해의 1.2%에서 올해는 2.0%로 0.8%포인트나 뛰어오를 것으로 예상된다. 중국 등 신흥국도 과거만은 못하지만, 올해 성장률 전망치가 5.1%로 지난해(4.5%)보다 0.6%포인트 상승했다[안재성 세계파이낸스 기자, 2014.1.8].

신흥국의 성장속도 둔화, 취약한 펀더멘털, 정치적 불확실성 등으로 글로벌 자금이 선진국으로 이동하고 있다. 이 과정에서 전세계 금융시장 변동성이 확대될 가능성이 높다. 세계 경제가 변화하면서 엔저로 인한 수출경쟁력 약화, 미국의 출구전략 가속화에 따른 신흥국의 금융위기 발생 가능성이다.

국내 경제에서는 저소득 가구를 중심으로 어려움이 지속될 것이다. 양적완화 축소 탓에 시중금리가 상승할 것으로 예상된다. **금리 상승이 현실화되면 가계부문 저소득 차주를 중심으로 상환부담이 가중되면, 소비지출이 위축돼 경기회복에 걸림돌로 작용할 것이다. 기업 부문에서는 시중자금이 단기 안전자산에 집중되는 가운데, 회사채 시장 양극화 등 비우량 기업의 자금조달 매우 불리해질 것이다. 특히 글로벌 금리상승 시 해운, 건설, 조선 등 경기민감 업종을 중심으로 한계기업의 부실화가 급격히 늘 수 있다.**

금융 부문은 경기회복에 힘입어 전반적인 경영개선을 기대하지만 최근의 수익성 및 건전성 악화 추세가 당분간 지속될 것이다. 특히 상대적으로 건전성이 취약한 상호금융조합, 경쟁심화에 시달리는 증권회사 등 제2금융권 경영여건 호전이 쉽지 않을 것이다. 가계부채와 기업부채의 구조 개선을 비롯해 금융사들의 수익성 및 건전성 제고노력을 지속해야 한다.

한국 경제는 양호한 펀더멘털을 지니고 있다. 우리나라의 대외건전성은 순대외채권 증가, 대외지급능력 제고, 국내은행의 외화자금 여건개선 등으로 비교적 견조한 상황이다. 지난해 말 순대외채권은

1710억달러로 전년말의 1308억달러보다 402억달러 늘었다. 외환보유액 대비 단기외채 비율은 같은 기간 38.9%에서 33.1%로 감소해 외환 관련 건전성이 향상됐다.

문제는 양적완화 축소 시 일부 신흥국의 금융 불안과 함께 외국인 자금흐름의 변동성이 확대될 수 있고 그의 여파로 신흥국이 위기에 봉착하게 되면 한국경제는 양호한 기초체력에도 불구하고 크게 교란될 수 있다. 대내적으로 전반적인 경기회복 국면에서 가계와 기업부문의 건전성이 크게 악화되지는 않겠지만 일부 경기민감 업종 및 비우량기업이 대량으로 경영위기에 빠져들게 되면 내외의 연쇄적인 파급 전이성 때문에 한국경제는 상당한 어려움에 처할 수 있다[세계파이낸스 안재성 기자, 2014.1.8. / 금융위원회 위원장 신제윤;2014년 금융부문 전망 및 주요 이슈 점검].

22. 임금 및 소득 격차 확대 - 잠재적 금융 불안

임금 및 소득의 현저한 격차는 적자단위와 흑자단위의 고착을 상속시키고 특히 적자 단위의 광범한 계층 확산으로 인해 내재적인 금융 불안 요인을 키우는 구조적 요인으로 자리 잡을 수 있다. 따라서 경제성장을 계속하더라도 현저한 임금격차는 금융 불안을 내재화할 수 있다.

농림어업 부문은 월 급여 100만 원 이하인 종사자가 절반을 넘었고 단순노무종사자는 월 200만원 미만 임금근로자가 91.2%로 대부분을 차지했다. 금융·보험업과 전문, 과학 및 기술 서비스업종 근로자 10명 중 3명꼴로 월 임금이 400만 원 이상 된다. 반면 농림어업 부문은 월 급여 100만원 이하인 종사자가 절반을 넘었다[세종=연합뉴스 박용주 이지헌 기자; 2013.10.30/통계청; 취업자의 산업 및 직업별 특성].

올해 4월 기준 근로자의 임금 수준은 산업에 따라 큰 차이를 보였다. 산업 전체의 임금수준 분포는 월 100~200만원 미만이 38.3%로 가장 많고 200~300만원 미만이 24.1%로 뒤를 이어 전체 임금근로자의 62.4%가 100~300만원 미만의 급여를 받았다.

월 100만원 미만의 임금근로자도 13.5%를 차지했다. 월 300~400만원 미만은 12.3%, 월 400만원 이상은 11.8%였다. 월 400만원 이상 고임금 근로자가 가장 많은 산업 분야는 금융·보험업으로 30.2%를 차지했다.

전문, 과학 및 기술서비스업이 29.5%로 근소한 차이를 보였고, 출판, 영상, 방송통신 및 정보서비스업(24.2%), 공공행정, 국방 및 사회보장행정(19.5%) 등도 비교적 고임금 근로자 비중이 다른 분야보다 컸다.

반면 농림어업 분야는 월 100만원 미만 임금 근로자가 58.0%로 절반을 넘었다. 농림어업 종사자 가운데 월 400만원 이상 급여 생활자는 3.5%에 불과했다. 숙박 및 음식점업 분야도 월 100만원 미만 임금근로자가 33.3%로 다른 분야보다 비중이 컸다. 2013년 4월 기준 **전체 취업자 2천510만3천명**을 **산업 대분류**별로 살펴보면 제조업(16.7%), 도매 및 소매업(14.3%), 숙박 및 음식점업(7.7%) 순으로 큰 비중을 차지했다.

성별 취업자 비율을 보면 남성이 차지하는 비율이 건설업은 92.2%에 달했고 운수업(90.6%), 출판, 영상, 방송통신 및 정보서비스업(73.0%) 등도 남성 비율이 높았다. 여성이 차지하는 비율은 보건업 및 사회복지서비스업이 81.4%로 가장 높고 교육서비스업(66.4%), 숙박 및 음식점업(65.4%) 등도 여성이 다수를 차지했다.

76개 **산업 중분류별 취업자** 규모를 살펴보면 소매업(자동차 제외)이 217만1천명(8.6%)으로 임금근로자가 가장 많고, 이어 음식점 및 주점업(180만명, 7.2%), 교육서비스업(172만7천명, 6.9%) 등의 인원도 많았다.

전문가 및 관련 종사자가 차지하는 비율이 가장 높은 산업은 교육서비스업으로 76.4%였고, 보건업 및 사회복지서비스업(62.6%), 전문, 과학 및 기술서비스업(60.1%) 등이 그 뒤를 이었다. 사무종사자가 차지하는 비율은 금융 및 보험업(52.2%), 공공행정, 국방 및 사회보장행정(46.1%) 부문이 높게 나타났다. **단순노무종사자는 사업시설관리 및 사업지원서비스업**(49.0%)**이 가장 많았다**.

산업이 아닌 직업(대분류)에 따라 남성과 여성의 취업자 비율을 비교해 보면 관리자 중에서 남성이 차지하는 비율은 88.9%로 여성보다 압도적으로 많았다. 장치·기계조작 및 조립 종사자(87.0%)와 기능원 및 관련 기능 종사자(85.9%) 등 기술 관련 분야도 남성 비중이 컸다. 서비스 종사자 가운데서는 여성이 66.2%로 남성보다 많았다.

직업 대분류별로 임금 수준을 보면 관리자가 월 400만원 이상 임금을 받는 비율이 68.6%로 가장 높고, 그 외 직업에서는 월 100~200만원 미만 비율이 높았다. 전문가 및 관련 종사자와 사무종사자는 월 300만원 이상 근로자의 비율이 각각 39.7%, 36.2%였다. 반면 **단순노무종사자는 월 200만원 미만 임금근로자가 91.2%로 대부분을 차지했다**[세종=연합뉴스 박용주 이지헌 기자: 2013.10.30/통계청; 취업자의 산업 및 직업별 특성].

저소득 근로소득자 비중이 많아지고 소수 고소득자 비중이 높아지는 양극화심화는 정책효과를 약화시키고 금융 불안의 구조적인 요인이 된다.

23. 대량 자본유출 - 금융 불안

2013년 5월 경상수지 흑자가 사상 최대를 기록했다. 흑자 행진은 16개월째다. 5월 경상수지 흑자액은 86억4천만달러로, 종전 최대치인 작년 11월(69억1천만달러)의 기록을 훌쩍 넘어섰다. 5월 수출은 459억9천만 달러로 작년 동기보다 7.4% 늘었지만 수입은 423억2천만 달러로 4.8% 감소하면서 상품수지가 72억7천만 달러에 달한 영향이 컸다. 수입 감소는 물량 요인보다는 국제 원자재가 하락에 따른 가격 요인이 컸기 때문에 불황 형 흑자로 해석할 수 없다.

품목별(통관기준)로 보면 정보통신기기(32.1%), 반도체(17.1%), 승용차 및 부품(8.3%), 화공품(7.7%) 등의 수출이 늘었다. 반면에 선박(-34.6%), 철강 제품(-8.6%) 등은 감소세를 보였다.

서비스 수지는 전월 14억5천만달러에서 11억3천만달러로 흑자폭이 축소됐다. 여행수지 적자가 4억5천만달러에서 5억8천만달러로 확대됐지만 기타서비스 수지 흑자는 11억3천만달러에서 8억5천만달러로 축소된 탓이다. 다만, 운송수지 흑자는 전월 7억7천만달러에서 8억6천만달러로 늘었다.

기타 서비스 수지의 흑자액 감소는 지적재산권 등 사용료 적자가 전월 9천만달러에서 3억4천만달러로 늘고 사업서비스 적자도 1억4천만달러에서 3억1천만달러로 확대됐기 때문이다. 이전소득 수지 흑자는 전월 2천만달러에서 4천만달러로 늘었다.

이로써 2013년 들어 5월까지의 경상수지 흑자액은 225억4천만 달러로 늘었다. 6월 경상수지도 5월에는 못 미치더라도 상당 수준의 흑자를 기대한다. 6월 수출은 일평균 21억 달러가량 유지될 것으로 보고 있다.

상품 · 서비스의 거래가 없는 **자본 유출입**을 보여주는 금융계정은 **유출초 규모**가 4월 25억7천만 달러에서 115억8천만 달러로 증가했다. 직접투자가 **외국인 직접투자**의 유입액 감소로 전월 3억 달러의 유입 초에서 14억8천만 달러의 **유출초**로 전환하고 **은행의 차입 상환 등 기타투자의 유출초 규모**가 15억8천만 달러에서 85억3천만 달러 대폭 확대된 영향이 컸다.

증권투자의 유출초 규모는 외국인 주식투자의 순유입 전환으로 전월 19억2천만 달러에서 11억7천만달러로 축소됐고 **파생금융상품**은 전월 3억1천만 달러 유출초에서 6억5천만 달러 **유입초**로 바뀌었다. **외국의 부동산 매매대금, 국외 이주비 등을 포함한 자본수지**도 2천만 달러 **순유출**됐다[서울=연합뉴스, 경수현 기자, 2013.6.26./한국은행 발표].

불황형 경상수지 흑자는 환율, 금리, 상품가격을 왜곡시킨다. 경상수지 흑자 확대는 원화가치를 상승시키고 수출을 교란하며 자본의 흐름에 부정적으로 영향을 미친다.

비정상적 경상수지 흑자는 경제왜곡의 심화를 단기에 그치지 않고 장기적 구조화 요인으로 자리 잡을 수 있다.

24. 경제정책 실패는 금융 불안 요인

한국은 **정책함정**(Policy Trap)**에 빠져 있다. 한은이 경기부양 목적으로 금리를 내렸지만 국민은 지갑을 열지 않고 있다. 정부가 야심찬** 4·1 **부동산 활성화 대책을 내 놓았지만 시장 반응은 효과를 잘 모르겠다는 인식이 팽배하다**. 새로 집을 사거나 더 나은 집으로 이사 가겠다는 국민은 얼마 되지 않는 반면, 아예 집을 살 의향이 없다는 국민은 점점 늘고 있다. 정부는 추경을 편성했다가 나중에는 추경으로 어그러진 재정건전성을 2017년까지 회복 하겠다고 밝힌 것을 보면 중장기 저성장이 확실한데도 정책 신호가 혼란스럽다.

대다수 국민들은 금리가 낮아졌지만 소비를 현 수준으로 유지하겠다는 태도다. **금리 인하→민간소비 증대라는 통화정책의 통로가 끊기고 있는 것이다**. 이자소득으로 생활하는 은퇴 후 노년층이 많아지고 있다는 점, 가계부채를 지고 있는 저소득층이 제2금융권과 사금융 부채가 많아 기준금리 인하 혜택에서 소외돼 있는 점이 작용한 것 같다. 4·1 부동산 대책이 나온 이후 정부가 꺼내 든 부동산 부양책의 효과가 미미할 것이라는 의견이 지배적이다.

선진국에서는 정부의 경기부양 정책 효과가 떨어지고 있다고 말한다. 글로벌 경기 침체를 벗어나기 위한 각국의 환율 전쟁이 벌어지는 가운데 정부정책이 국민에게 먹히지 않고 있다[매일경제, 2013.6.10.].

- 금리정책의 불분명한 기대효과는 금융 불안 요인

한국은행이 기준금리를 인하하면 정상적인 경제의 경우 신용대출과 주택담보대출 금리가 떨어져야 한다. 그럼에도 불구하고 대출금리가 상승하는 기이한 현상이 벌어지고 있다. **금융정책의 신용파급 경로가 곳곳에 왜곡돼 있어 정책효과를 기대할 수 없다는 사실을 보여준다. 전반적으로 한국경제는 당국의 정책효과가 통하지 않는 나라이다. 경제주체들의 정책 쇼크에 대한 이상반응을 보이는 경제 행태 때문이다.**

한은이 5월 9일 기준금리를 0.25%포인트 인하했음에도 불구하고 17개 은행 중 무려 6곳이 지난달 신용대출 금리를 올렸다. 지난 4월에는 연 5.01%인 기업은행의 신용대출 금리는 5월에 연 5.49%로 한 달 새 0.48%포인트나 뛰어올랐다. 수협은행도 같은 기간 신용대출

금리를 연 5.96%에서 6.47%로 0.51%포인트나 인상했다. 한국씨티은행(연 8.04%→8.15%), 대구은행(연 6.7%→6.98%), 부산은행(연 6.11%→6.38%), 제주은행(연 6.1%→6.38%) 등도 신용대출 금리를 올렸다.

일부 은행들은 주택담보대출 금리도 인상했다. 수협은행의 분할상환방식 주택담보대출 금리는 4월 연 4.62%에서 지난달 연 5.2%로 한 달 새 0.58%포인트나 뛰어올랐다. 제주은행(연 4.29%→4.43%), 부산은행(연 4.05%→4.07%) 등도 마찬가지였다. 일시상환방식 주택담보대출의 경우, 우리은행(연 4.44%→4.51%), 수협은행(연 5.09%→5.19%), 부산은행(연 4.3%→4.31%) 등이 대출금리를 올렸다. 나머지 은행은 대출 금리를 내렸다. 이와 같이 대출금리가 올라간 것은 예대 마진의 악화로 수익성이 악화된 은행들이 수익성 보전하기 위해 대출 금리를 올린 것으로 본다[서울=연합뉴스, 안승섭 기자, 2013.6.20.].

- 금융정책의 애매모호한 설명과 신호는 금융 불안 야기

글로벌 금융위기 이후 각국 금융정책의 단기부양책이 정상화되는데 앞으로 4~5년가량 걸릴 것이다.

정책의 롱터미즘(long-termism · 장기주의)이 없어지면 환율 오버

슈팅(과도한 움직임)에 대해 시장이 과잉반응 하게 되고, 당국은 다시 과잉대응 하게 된다. 이어 위기를 예방하고 예측해야 하는 부담에 따른 오경보(false alarm)의 문제도 발생 한다[서울=연합뉴스 고유선 기자, 2014.2.14].

위기를 예측하지 못하는 데 따른 책임에 부담을 느껴 당국이 잘못된 신호를 주면 이에 따른 비용은 사회 전체가 져야 한다. 금융위기 이후 근시안적인 정책 집행으로 이런 문제점들이 생겨났다. **지금이 세계 각국이 다시 정책 집행의 정상화를 꾀할 전환점이다**. 지난 4~5년을 위기 극복에 썼다면 중요한 정책에 대한 시각이 정상화되는 과정이 다시 4~5년 걸릴 것이다[서울=연합뉴스 고유선 기자, 2014.2.14.].

한국은행의 금융정책에 대한 설명과 시각은 애매모호하다. 정책당국의 신호가 과도한 내용을 밝혀서는 안 돼지만 시장에 분명한 신호를 보내는 것이 바람직하다. 금융정책에 대한 애매모호한 설명과 신호는 금융 불안과 예측 불능을 야기한다.

25. 비효율적인 금융 매개기능은 금융 불안 요인

- 관치금융 - 금융매개기능 부실화

한국 금융은 민간금융기관들이 스스로 알아서 자체 판단에 따라 대출과 대출회수 등 금융매개적인 기능을 해야 될 일들을 정부당국이 나서서 지원하는 관치금융시장이다. 가장 대표적으로 사례로 당국이 금융채무연체자의 금융지원에 앞장서서 지원하는 일이다. 구미선진국에서는 전혀 찾아 볼 수 없는 금융거래이고 공적 지원이다. 이러한 공적 지원이 정권이 바뀔 때마다 되풀이되고 고질화되고 있는 현상은 정상적이고 효율적인 시장거래질서를 방해한다.

우리나라 금융채무연체자의 특성을 보면 **전체 금융채무 불이행자는 전체 약** 350**만 명**에 이른다. 이 중 **약** 172**만 명**은 채무상환 가능자들이고 114**만 명가량**은 채무 상환 불가능자들로 분류되었다. 채무상환이 가능한 **약** 172**만 명**은 자체적으로 상환능력을 회복하거나 공적, 사적인 채무조정 프로그램을 활용해 빚을 갚을 수 있는 채무자들이다. 자체 상환 64만명, 공적 · 사적 채무조정 이용 76만명, 국민행복기금 지원 예상 32만명 등이다[머니투데이, 2013.10.24].

또 114**만 명가량**은 기초생활수급자이거나 고령 등의 이유로 빚 갚을 능력이 부족해 단순히 채무조정만으로는 충분한 지원이 안 되는 채무자들이다. 장기연체 소외자로 상환능력이 없는 경우 31만명, 기초생활수급자 24만명, 고령층 67만명에 각각 중복되는 경우 8만명을 뺀 숫자다. 나머지 65만명은 나이가 젊어 근로능력은 있지만 직업이 없어 돈벌이가 거의 없는 사람들이다. 이들은 소득이 없기 때문에 아예 채무조정을 신청하지 않는 계층이다.

정부는 채무불이행자 특성별로 가장 적합한 방식으로 지원 대책을 마련토록 한다고 한다. 자체적으로 채무상환이 가능한 분들은 보다 신속하게 상환능력을 갖추고 남은 빚을 갚을 수 있도록 취업 · 창업지원 등으로 고용을 촉진하고 공적, 사적 채무조정 절차도 효율화 하겠다고 한다.

상환능력이 부족해 채무조정만으로 충분한 지원이 이루어지지 못하는 114**만 명**에게는 파산제도를 통해 남은 채무를 정리하고 복지정책으로 생활 안정을 도와준다고 한다. 나머지 약 65만명에 대해서도 국민행복기금, 법원의 개인회생 등으로 적극적으로 채무조정을 유도하는 동시에 고용, 창업 지원 등으로 소득창출능력도 높인다고 한다.

한편 국민행복기금은 이달까지 약 21만명이 채무조정 신청을 접수하고 이중 18만명이 지원을 받는 등 출범 당시 예상한 지원규모를 크게 넘어서고 있다. 금융당국은 사후정산 방식을 채택해 4000**여개 금융회사와 대부업체**의 참여를 유도했고 **신규매입 대상자인** 134**만명 중** 79.9%**에 해당하는** 107**만여명의 연체채무를 매입했다**[머니투데이, 2013.10.24].

정부당국은 **행복기금에 대해** 4**천여개 금융회사의 참여로 다중채무자 지원에 따르는 용의자의 딜레마를 극복했고 사회적으로 포지티브 섬 구조를 구축했다**고 평가했다. **용의자의 딜레마는 개별 금융회사 차원의 채무조정을 할 경우 대출자가 빚을 탕감 받은 뒤 늘어난 상환여력을 다른 금융사의 채무변제에 활용함으로써 빚을 깎아준 금융사가 불이익을 보게 되는 상황을 뜻한다.**

포지티브 섬은 채무자 입장에서는 빚 부담이 줄어 경제적 재기의 발판을 마련하게 되고 금융사는 가계부채 부실화 가능성이 줄어 건전성이 높아지는 상황을 빗댄 것이다. 행복기금에는 국내 시중은행과 여신전문회사, 저축은행, 상호금융사, 대부업체 등 4천213곳이 참여하고 있다. 금융위는 이달 10월말까지 약 18만명이 행복기금 채무조정 지원을 받을 것으로 예상했다[서울=연합뉴스, 고유선 기자, 2013.10.24].

- 한국자금중개기능의 불안 요인

우리나라 은행들은 지난 2006년 이후 아시아 국가들 중 가장 공격적으로 대출을 확대했다. 규제로 주택담보 가계대출이 힘들어지자 기업대출이 대폭 늘어났다. 특히 경기에 민감한 부동산 및 임대업과 건설업에 대한 은행대출이 급격히 증가했다[아시아투데이, 2008. 12. 21].

2006년 초부터 2008**년** 6**월말 기간 동안 여신성장률은 아시아 주요 국가들 중에서 두 번째로 높았다**; **중국** 65.0%, **한국** 52.1%, **홍콩이** 45.1%, **태국** 25.0%, **대만** 14.3%, **일본** 3.2%, **미국** 41.9%**이다. 명목 국내총생산**(GDP) **성장률 대비 여신성장률에서 우리나라는 아시아 국가들 중에서는 최고 수준이다**; **일본** 3.0**배**, **미국** 2.9**배**, **홍콩** 2.5**배**, **대만** 1.6**배 태국** 0.9**배**, **한국** 3.9**배**, **중국** 1.5**배이다**.

지난 2005년 이후 주택담보대출에 대한 규제를 강화되면서 가계대출 둔화에 따른 이익감소를 만회하기 위해 기업대출이 크게 늘어났다. 가계대출은 2005년 9월말 전체 대출의 56.3%에서 올해 9월말에는 48.0%로 하락한 반면 기업대출은 같은 기간 42.3%에서 50.0%로 증가했다. 업종별 대출증가율을 보면 경기에 민감한 부동산 및 임대업, 건설업 등에 대출이 집중돼 왔다.

전체 대출총액 증가율은 분기당 4% 내외로 유지돼 왔지만 부동산·임대업에 대한 대출증가율은 2006년 4분기와 지난해 4분기에 12%를 넘는 등 급속한 증가세를 이어왔다. 그러나 글로벌 금융위기가 본격화된 금년 3분기에 들어서 2% 가까이 급락했다.

건설업 대출증가율은 2006년 4분기부터 급증하기 시작, 작년 2분기에는 12%를 돌파하기도 했다. 건설경기 악화와 미분양사태가 심화된 올해 상반기에도 8% 수준을 유지했다. **부동산 및 건설에 대한 과잉 여신이 은행부실화의 뇌관이다. 기업대출이 늘지만 대출재원인 예수금이 펀드, 주식시장 등으로 시중자금이 몰리면서 은행들이 원화자금난에 빠졌고 고금리 조달로 수익성도 크게 나빠졌다.**

실제로 국내 은행의 예대마진은 작년 2분기 2.95%에서 올해 2분기에는 2.68%로, 순이자마진은 2.76%에서 2.58%로 떨어졌다. 은행들이 대출을 급격히 축소하면 은행의 연체율과 대손충당금 적립비율이 급속히 악화된 자가당착에 빠진다. 은행들의 어려움은 글로벌 금융위기와 부동산경기 침체의 영향이 크지만 은행들 스스로 자초한 측면도 많다. 은행의 신용리스크가 금융권 전체의 시스템리스크로 번지는 것을 막기 위해서는 은행들의 잘못된 경영이 시급히 시정되어야 한다는 것을 금번 금융위기를 통해서 극명하게 볼 수 있다.

- 한국 대출기능의 불안 - 은행 건전성 악화

글로벌 금융위기와 장기침체는 금융기관의 건전성이 심각한 문제로 등장한다. 경기침체로 금융회사의 건전성이 나빠지면 자금공급이 위축돼 가계와 기업에 돈이 돌지 않고 결국 내수와 투자부진, 경기 침체의 악순환으로 이어진다.

은행이 건전성 개선에 골몰하면 자금중개기능을 사실상 상실하면서 시중의 신용경색을 악화시킨다. 이 때, 정부와 감독당국은 금융회사들의 자본 확충을 지원해주면서 대출 확대를 권유한다(관치금융의 악순환 요인).

지난 3분기 총 연체율은 대부분 은행이 1% 미만으로 낮은 수준에 있었지만, 상승 추세라는 점과 중기대출 연체율이 급증한 점에서 부실 가능성에 대한 우려를 낳았다. 9월 말 현재 국내 은행의 중기대출 연체율은 1.50%로 작년 9월 말 대비 0.28%포인트 상승했다.

원·달러 환율 및 원자재 가격 상승으로 중기 대출 연체율이 급증하면서 국내 은행의 원화대출 연체율은 0.97%로 1년 새 0.08%포인트 상승했고 기업대출 연체율도 1.30%로 0.18%포인트 올랐다.

특히 국제결제은행(BIS) 기준 자기자본비율이 일제히 하락하면서 경고음을 내기 시작했다. 국내 은행의 BIS 비율주9)은 바젤 Ⅱ기준으로 9월 말 10.79%로 작년 말의 12.31%에 비해서 1.52%포인트나 떨어졌다. BIS 비율은 2003년 말 11.16%에서 2004년 말 12.08%, 2005년 말 12.95%에 달했다가 2006년 말 12.75%로 조금씩 내려왔으나 올해 들어 급격히 추락했다.

통상 자기자본비율 10% 이상, 기본자본비율(Tier 1) 8% 이상이면 우량은행으로 평가하는데, 리딩 뱅크인 국민은행이 지주회사 전환 과정에서 보유하게 된 자사주 물량 때문에 BIS 비율이 9%대로 떨어져 충격을 줬다.

은행 건전성 지표가 악화한 것은 은행이 자초한 측면도 크다. 은행들은 과거 수년간 저금리 기조 하에서 무리한 대출 경쟁을 통해 몸집 불리기 경쟁을 해왔고 그 결과가 대출자산 부실로 이어진 것이다.

은행들은 2005~2006년에는 부동산 투자 붐을 타고 주택담보대출을 무리하게 늘렸고 정부가 부동산 대출 규제를 강화하자 중소기업 대출 쪽으로 옮겨 뺏고 빼앗는 치열한 혈투를 벌였다.

이런 가운데 환율 및 원자재 값이 크게 뛰었고 경기둔화가 본격

주9) BIS 비율은 대출, 지급보증 등 위험이 있는 자산에 비해 자기자본 비중이 얼마인지를 보여주는 지표로, 은행의 건전성을 판단하는 핵심 잣대다.

화하면서 기업대출 연체율이 늘어나고 대손충당금 전액입도 증가해 은행들의 당기순이익도 급감했다. 하나은행은 3분기에 태산LCD와 관련해 대손충당금을 2천507억원을 쌓는 바람에 8년 만에 분기 적자를 냈고 나머지 은행들도 당기순이익이 전분기보다 30% 이상 쪼그라들었다. 글로벌 금융위기 여파는 4분기 실적에 반영되기 때문에 각종 건전성, 수익성 지표는 더 악화할 가능성이 크다.

은행들의 건전성 악화는 경제 전반에 파급력을 갖는다. 은행들의 자금중개 기능은 사실상 작동을 멈췄다. 금융감독당국이 은행들에 내년 1월 말까지 BIS 비율을 11~12%로, 기본자본 비율을 9% 이상 맞추도록 요구했다.

- 금융기관 간 경쟁과열 - 금융기관의 불안정

국내은행들은 지나친 과열 경쟁으로 자산운용이 특정 부문으로 집중하는 쏠림현상을 가져왔다. **과도한 외형확대 경쟁으로 중장기적인 건전성과 수익성이 악화되었다. 이는 금융시스템 전체의 자원배분을 왜곡하고 심각한 리스크를 유발해 왔다.**

은행들은 안정적인 조달원인 예금보다는 은행채, CD발행 등 원가 높은 자금조달 중심으로 운영하면서 수익성 악화, 예대율 상승, 자금조달구조의 불안정 등을 초래하였다.

은행들이 변동금리 주택담보대출을 경쟁적으로 늘리기 위해 CD 등의 고원가성 자금조달을 통하면 소비자의 부담을 가중시킨다. 대출금리 인상은 변동금리 부 주택담보대출을 받은 소비자들의 이자 부담을 가중시킨다.

- 금융산업의 국제화 제자리 걸음

한국 금융 산업의 국제화는 오랜 기간 금융당국이나 금융기관의 주요 정책, 전략적 목표였지만 70년 이상 제 자리 걸음만 하고 있다. 국내 은행들의 경우 전체 수익에 대한 해외 수익의 비중은 최근 3개년 평균 7.9%, 총자산에 대한 해외자산의 비중 역시 2013년 말 기준 3.9%에 불과하다. **한국 금융 산업은 국제화 수준이 매우 미흡하고 철저하게 내수 업종에 머물러 있다. 실물경제와 금융 산업 간 심각한 불균형발전은 여러 경제적 불안정을 초래한다.**

첫째, 금융이 대외경제 부문의 충격을 흡수하지 못하고 있다. 2008년 미국 서브프라임 위기 당시, 부실이 실현된 외국계 금융기관들이 국내에서 달러 유동성을 회수하고 은행 간 외화 크레딧 라인을 끊었다. 이때 국내 은행들은 해외영업 규모가 작아 해외에서 회수하거나 담보로 제공할 수 있는 외화 자산이 미미해 달러를 확보하기 대단히 어려웠다. 원화는 삽시간에 67%나 절하되며 위기의 중심국이 아님에도 통화가치가 세계에서 세 번째로 크게 떨어졌다.

둘째, 상당수 주요 고객의 해외영업 비중이 더 큰 상황에서 은행이 국내 시장만을 상대로 더 이상 자산 성장, 수익성 확대를 꾀하기 어렵다. 은행수익이 떨어지면 국내 중소기업 등 리스크가 큰 기업에 대한 대출 비중이 줄어 경제회복이 어려워진다.

한국 금융기관들의 국제화가 미흡한 이유는 무엇일까? 지난 20여년간 국내 금융기관 해외 점포들의 영업이 현지 진출 국내 기업과 재외국민을 중심으로 이루어져 왔다.

국내 은행들은 글로벌 은행에 비해 금리, 서비스 면에서 뒤떨어져 적극적으로 해외로 진출하고 있는 대기업을 고객으로 확보하지 못했다. 은행이 해외 영업을 할 때 달러 등 외화 조달에 따른 외환변동 리스크를 감당하기 어렵다. 더욱이 선진국 은행에 비해 외화 조달금리가 높다는 점도 해외영업 경쟁력을 떨어뜨린다.

국제화에 성공한 은행들의 특징은 외화예금 수단을 확보해 금리 경쟁력과 환 변동성 대처 능력을 높였다는 공통점이 있다. ANZ는 2004년 뉴질랜드 국립은행을 인수해 2012년까지 뉴질랜드 달러 예금을 연평균 5.1%씩 증가시켰다.

2009년 스코틀랜드 왕립은행(RBS)은 아시아 자산을 인수해 2012년까지 아시아 태평양 지역에서 연평균 38.7%에 이르는 예금 증가율을 기록했으며, 2007년 5%에 불과하던 아시아 태평양 지역의 총 영업이익 비중이 2012년 18%까지 증가했다.

말레이시아 CIMB은행은 동남아 국가의 현지 은행을 인수해 현지 통화의 조달 능력을 높이면서 총수익에 대한 해외수익 비중을 2013년 39%까지 높였다.

일본은 경상수지 흑자로 국내에 유입되는 달러 중 상당 규모가 기업과 가계 등 민간이 보유하고 있어 금융기관들의 외화예금 기반이 풍부하다. 미쓰비시 UFJ와 SMBC, 미즈호 등 일본의 3대 금융그룹은 외화예금이 전체예금의 15% 수준으로 2008년 금융위기 이후 미국과 유럽 금융기관들의 아시아지역 대출이 위축된 상황을 해외영업 확대 기회로 활용하고 있다.

한국 금융의 국제화는 금융기관의 지속 가능한 성장을 위한 발판일 뿐 아니라 실물과 금융 간 불균형을 해소해 경제안정을 꾀하게 한다[한겨레신문, 2014.9.28/양원근 금융연구원 비상임연구위원].

26. 국책은행의 관치금융: 불안과 비효율 야기

한국의 국책은행들은 개발 금융의 역할과 임무를 다 마쳤음에도 불구하고 그들의 활동영역은 민간 금융시장과 금융기관들의 발전을 방해하는 교란자로 등장하고 있다. **산업은행, 기업은행, 농협협동조합 금융부 등의 공영금융기관들은 특수한 금융기관 지위를 누리면서 금융산업과 실물경제에 깊숙이 개입하고 막강한 영향을 미치며 시장질서를 왜곡하였고, 왜곡구조를 구조화시키고 있다.**

- 산업은행

산업은행은 민간은행에 맡기기에는 위험 부담이 크고 회임 기간이 길며 기간산업 위주로 장기산업자금을 공급할 목적으로 설립되었다. 산업은행은 정부 보증이 뒤 받침해 주고 있고 또한 손실이 나면 정부가 보전해 주는 덕택으로 국제신용 등급이 민간은행보다 높은 혜택을 누리고 있다[산업은행법]. 이러한 덕택으로 그 동안 민간금융기관보다 국제금융시장에서 저렴한 이자비용으로 금융자금을 조달하였으며 국제금융 업무에서 경쟁의 우위를 점할 수 있었다.

산업은행은 부실기업을 인수하거나 정부 정책에 의해 자금을 지원 받음으로서 민간금융기관에 비해 경쟁 우위에 설 수 있었다. 외환위기 이후 부실기업으로부터 발생하는 IB업무는 산업은행이 많이 챙겼다. 산업은행은 이미 내부에 IB부서가 존재했다. 산업은행은 그 동안 실질적으로 본연의 업무를 이탈한 행위를 수행한 것이다.

이 밖에 산업은행은 외국IB를 포함한 타 투자은행들에 줄 수 있는 거래(deal)가 많이 있었다. 유로 및 양키본드 발행 자신이 가진 부실회사의 처리 매각에 관련된 인수합병(M&A) 파생상품 거래 등을 활용하여 타 증권사나 투자은행보다 유리하게 경쟁할 수 있었다[매일경제, 2006.8.11.].

산업은행은 국내저축이 턱없이 부족했던 시절 비교적 본업에 충실하였다. 그러나 90년대 특히 외환위기 이후 산업은행은 산은 캐피탈, 대우증권, 산은자산운용, 한국인프라자산운용 등 4개 계열사를 거느리는 등 관치금융이 확대되는 모습으로 발전했다. 산업은행은 거대한 공룡금융그룹으로 성장하며 민간금융시장과 민간금융기관의 활동을 위축시키고 교란했다.

산업은행은 국책은행으로서의 업무를 영위하면서 동시에 투자은행(investment banking : IB)이나 종합금융그룹의 역할을 수행했다. 이와 같이 투자금융업을 확장함으로서 산업은행은 민간은행으로 전환 될 때 유리한 고지를 점령하였다.

산업은행은 장기산업자금을 안정적으로 조달하여 거대 산업자금을 필요로 하는 공공사업에 투자하는 공익이 우선하는 것이 본연의 업무인데 수익을 높이기 위해 이를 이탈하는 영업 행위에 몰입할 수 있었다.

산업은행은 국책은행으로서 높은 신용등급을 등에 업고 대우증권을 내세워 각종 수익증권을 발행하는 행위 등을 수행하였다. 이러한 영업 행위는 대우증권의 자회사 편입으로 자산의 안정성을 지키기 위해 적은 중개 업무만을 강요하는 자가당착이었다.

산업은행은 위험성이 높은 증권관련 업무를 축소시키는 등 결국 대우증권의 발전을 저해할 수 있다. 이는 불공정행위를 통해 민간금융시장을 교란하고 왜곡시켰다.

산업은행은 투자금융업무를 하기 위한 증권사 등을 운영하는 것은 본래의 업무를 벗어나는 것이다. 산업은행은 정책자금을 저리 융자하는 불공정 대출 경쟁을 등에 업고 기업의 목줄을 쥐고 있으면서 기업 연금시장까지 잠식하였다[매일경제, 2007.1.16.].

- 농협중앙회

농협중앙회는 신용사업과 일반사업을 함께 운영하는 특수은행이다. 농협중앙회 986개, 지역농협 4131개로 전국에 5117개의 점포를 거느리고 있다. 무인점포는 3830개 이른다. 총 점포 수는 경쟁은행에 비해 열세가 아니지만 수도권 지역에서 밀리고 있다. 서울과 수도권 지역에 점포 60여 곳을 신설한다.

농협중앙회는 2006년 사상 처음으로 순익 1조941억원을 달성했다. 농협은 주식회사에 비해 자본금 조달이 어려운 점을 감안해 500억원을 회원조합에 배당하고 이익을 내부 적립하였다. **농협은 신용, 공제, 상호화계를 합친 총 운용자산이 227조원에 달해 자산시장의 큰손으로 통하고 있다.**

농협은 은행, 증권, 보험을 모두 아우르는 종합 금융그룹으로서 면모를 갖췄다. 자본시장통합법 시행에 맞춰 NH투자증권, NH투자선물, 농협CA투신 기능 재편을 통한 규모화를 통해 금융투자회사로 성장을 도모하고 있다.

농협은 외국자본에 의한 인수합병 위협이 받는 국내 우량기업의 경영권 방어를 위해 도움이 될 수 있도록 투자 차원의 지분 인수를 통해 순수 토종금융기관으로 역할 제대로 할 것을 강조하고 있다. 또한 농협은 소비자금융과 부동산 신탁분야 진출에도 적극적으로 나서고 있다[매일경제, 2007.1.22]. 농협은 농협공제를 일반보험사 전환으로 추진하고 있다.

- 농 · 수협은행의 부실채권

농 · 수협은행의 부실채권은 2013**년** 6**월 말** 3**조**9**천**120**억원에 이른다**. 우리나라 농 · 수협은행의 부실채권은 2013년 6월 말 3조9천120억원으로 지난해 말보다 9천269억원(31.1%) 급증했다. 농협은행의 부실채권이 3조4천860억원으로 8천564억원(32.6%)이나 늘었으며, 수협은행의 부실채권도 4천260억원으로 705억원(19.8%) 증가했다.

농협은행의 부동산 PF 대출 잔액은 7월 말 현재 2조8천313억원이다. 이 가운데 절반에 가까운 1조2천462억원(44.0%)이 고정이하 여신으로, 국민 · 우리 · 신한 · 하나 등 4대 시중은행의 고정이하 여신 합계(1조1천630억원)보다 많다[서울=연합뉴스, 홍정규 기자, 2013.10.09/농 · 수협중앙회 금융감독원; 국회 농림축산식품해양수산위원회 국정감사 자료].

수협은행은 심각한 경영 부실로 지난 2001년 1조1천581억원이 투입되고 예금보험공사와 경영개선 이행약정까지 맺었는데도 부실에서 빠져나오지 못하고 있다. 막대한 공적자금을 쏟아 부은 수협은행은 올해 1조원 가까운 부실이 추가로 발생했다.

수협은행은 최근 3년간 금감원이 정하는 부실채권 목표비율을 달성하지 못한 채 부실채권 비율에서 '부동의 1위'를 유지하고 있다. 이들 두 은행의 고정이하 여신비율(부실채권 비율)은 나란히 2.30%로 특수은행 가운데 공동 1위에 올랐다. 전체 은행권에서도 우리은행(2.90%) 다음으로 공동 2위다.

농협은행은 철밥통 조직이라고 비아냥거린다. 농협은행의 부실대출 원인은 부동산 프로젝트파이낸싱(PF) 사업에 대한 '묻지 마 대출'이다. 시중은행의 틈바구니에서 대기업 고객을 확보하려고 STX 등 부실 재벌그룹에 대한 대출을 무리하게 늘린 것도 부메랑으로 돌아왔다.

수협은행은 '호화 교회'로 구설수에 올랐던 판교 충성교회 신축에 280억원의 대출을 쏟아 부었다가 떼이게 됐다. 이들 은행은 사업 타당성이나 기업 건전성에 대한 치밀한 검토 없이 대형교회 신축에 수천억원을 쏟아 붓고 떼이거나 부실기업에 대규모 대출을 해 화를 자초했다. 농 · 수협은행은 대출을 취급할 때 사업타당성 검토를 제대로 했는지 의심스러운 은행경영이었다[서울=연합뉴스, 홍정규 기자, 2013.10.09/ 농 · 수협중앙회 금융감독원; 국회 농림축산식품해양수산위원회 국정감사 자료].

국책은행의 금융경제왜곡체계도

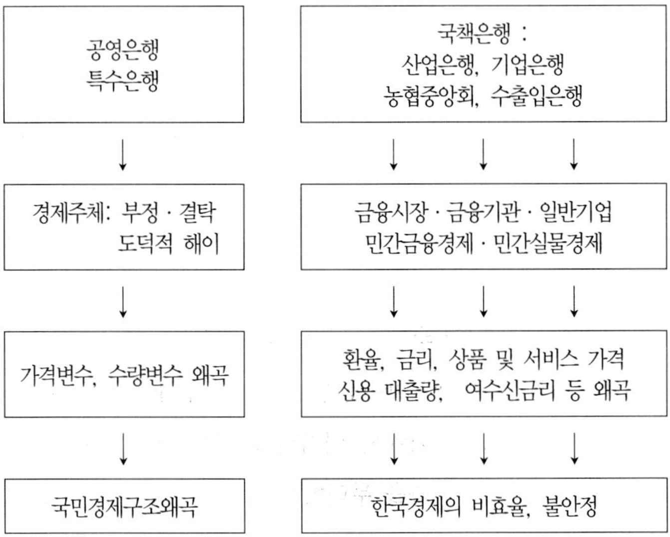

27. 불분명한 금산분리의 제도와 금융 불안

후진적 금산 분리시스템은 금융 불안을 야기하는 중대한 요소이다. 동양 사태는 가장 대표적인 불안한 금산분리 문제를 보여주었다. 동양사태는 금융보험사의 의결권 제한, 중간금융지주회사 제도 등 금산분리(금융-산업 분리) 문제를 다시 도마에 올려놓았다.

대기업집단이 금융계열사를 사금고화해 고객자금을 지배력 확장에 이용하는 행위를 보여줬다. 동양 사태는 대주주와 금융사간에 직·간접적인 차단벽을 설치하는 게 중요하다는 것을 다시 한 번 일깨워주었다. 금융보험사의 의결권 제한, 중간금융지주회사 제도 도입 등의 필요성이 또다시 제기되었다.

또다시 금산분리를 강화해야 한다는 목소리가 커지고 있다. 금융계열사와 비금융계열사간 칸막이를 높이고, 증권사와 카드사 등 2

금융권에 대해서도 대주주의 적격성 심사를 강화해야 한다는 주장이다[세종= 이데일리 윤종성 기자, 2013.10.27/공정거래위원].

현재 국회에 상정돼 있는 금산분리 관련 개정안은 3개다. 대기업집단 금융계열사의 비금융계열사 의결권을 축소하는 '공정거래법'개정안, 중간금융지주사 설치를 의무화하는 공정거래법 개정안, 대주주 적격성 심사를 제2금융권으로 확대하는 '금융회사 지배구조법' 개정안이다.

금산분리 개정안이 국회를 통과할 경우 금융계열사를 보유한 대기업집단들은 타격이 크다고 말한다.

경제 활성화는 경제민주화와 대립한다고 말한다. 우리나라는 외환위기 이후 제대로 된 구조조정이 한 차례도 없었다.

그 동안 공정위가 경제민주화 첨병으로서의 역할을 제대로 해내지 못했다. 그 동안 매긴 과징금은 변화를 유도하고 있지만 충분하지 않는 것으로 보인다. 제도의 불안정은 금융 산업의 경영불안을 키우고 금융 불안을 야기하는 요인이 된다.

28. 정부개입금융기관 구조조정과 금융 불안

1997년 1월 불거진 한보사태는 1990년대 후반 한국 경제를 강타했던 외환위기의 서막이었다. 10대 재벌 중 하나였던 한보그룹을 시작으로 기아, 대우, 쌍용 등 30대 재벌 중 10곳 이상이 줄줄이 무너졌다. 대기업들의 부실은 돈을 빌려줬던 시중은행에도 고스란히 전이됐다[서울신문 이유미 기자, 2014.9.20].

1998년 6월 **금융감독위원장은 대동 · 동남 · 동화 · 경기 · 충청은행 등 5개 은행을 퇴출시키겠다고 발표했다.** 한국 금융사상 처음 있는 일이었다. 은행권에 인수 · 합병(M&A) 바람이 거세게 불기 시작했다. 그로부터 16년이 지난 지금까지도 시중은행의 합종연횡은 현재 진행형이다[서울신문 이유미 기자, 2014.9.20].

2006년 신한 · 조흥은행 합병 이후 8년 만에 하나금융지주가 하나은행과 외환은행의 통합을 공식화했다. 시중은행간 합병은 치열한 주도권 다툼을 벌이는 금융시장에서 지각변동을 불러올 것이다. 하지만 또 한편으론 합병 이후 제대로 된 화학적 결합에 실패해 끊임없이 반목하는 은행들도 적지 않다.

2011년 11월 5일, 구 제일은행 본점 건물의 간판이 바뀌었다. 영국계 스탠다드 차타드 은행이 제일은행 인수 뒤 줄곧 사용해오던 'SC제일은행' 대신 'Standard Chartered'로 은행이름을 바꾸면서 옛 제일은행 단어가 사라졌다.

현재 4대 시중은행이라 불리는 국민, 신한, 우리, 하나은행 등은 외환위기 직전까지 금융시장에서 '주요 은행'으로 불리지 않았던 곳이다.

1997년 말 기준으로 BIS 비율이 8% 미만인 12개 은행에 대해 고강도 구조조정이 진행됐다. 이후 은행권에는 M&A 바람이 거세게 불었다. 상업은행과 한일은행이 합병해 한빛은행이 생긴 것을 시작으로 하나은행(하나은행+보람은행), 국민은행(국민은행+장기신용은행), 조흥은행(조흥은행+강원은행+충북은행)이 합병을 통해 재탄생했다. 한빛은행을 제외하곤 사실상 흡수합병이었다. 외국 자본 유치도 활발했다.

외환은행은 1998년 5월 독일 코메르츠은행으로부터 2억 5000만

달러를 유치해 살아남을 수 있었다. 정부의 대규모 출자로 기사회생한 제일 · 서울은행은 민영화 과정에서 외국 은행들의 관심을 받았다. 결국 제일은행은 1999년 뉴브리지캐피털에 매각됐고, 서울은행은 영국의 HSBC와 매각 협상을 하다 결렬됐다. 은행권 구조조정은 여기서 끝나지 않았다.

1999년 경영 부실로 재계 2위 대우그룹이 해체되는 '대우사태'로 은행 부실이 또다시 증가하면서 2000년부터 2차 구조조정이 시작됐다. 2000년 7월 정부와 금융노조연합은 논의 끝에 금융지주회사 방식으로 부실 은행을 정리하고 대형 우량 은행을 합쳐 세계적 경쟁력을 갖춘 은행을 만들기로 합의했다. 이에 따라 다음해 예금보험공사가 한빛은행, 평화은행, 광주은행, 경남은행과 한국 · 중앙 · 한스 · 영남 등 4개 부실 종금사를 묶어 국내 최초의 금융지주사인 우리금융지주회사를 출범시켰다.

같은 해 국민은행이 주택은행과 합병했고 2002년 이름을 KB국민은행으로 바꿨다. 또 2002년엔 서울은행이 하나은행과 짝을 이뤘다. 2003년 독일 코메르츠은행에서 미국 사모펀드 론스타로 넘어갔던 외환은행은 2012년 초 하나금융지주에 인수됐다. 105년 역사를 자랑했던 조흥은행은 2006년 신한은행에 합병됐다.

1차 구조조정 당시 경기은행을 인수했던 한미은행은 2004년 외국계 자본인 씨티은행에 넘어가면서 한국씨티은행으로 이름을 바꿨다. 제일은행은 2005년 스탠다드차타드로 넘어가 2005년 SC제일은행이 됐고, 2011년에 SC은행으로 이름을 바꿨다.

2000년대 이후 국민, 신한, 우리은행은 합병을 통해 금융시장에서 신흥 강자로 거듭났다. 주택은행과 장기신용은행을 흡수 합병한 국민은행은 자산 규모에서 이때부터 국내 '리딩 뱅크' 자리를 꿰찼다. 신한 · 조흥은행은 합병 이후 2006년 말 기준 총자산 177조원으로 국민은행에 이어 시중은행 중 두 번째로 큰 매머드급 은행으로 성장했다.

은행권은 현재 2차 지각변동을 맞고 있다. 2000년대 초반 은행 구조조정을 위해 공적자금을 투입했던 정부가 우리금융 민영화를 통해 공적자금 회수에 나서면서다. 우리금융은 올해 상반기 경남은행과 광주은행을 각각 BS(부산은행)금융지주와 JB(전북은행)금융지주에 매각했다. 우리금융 민영화의 핵심인 우리은행 매각 작업도 조만간 이뤄진다.

우리금융은 민영화로 계열사들을 연이어 매각하며 자산규모 면에서 이른바 4대 금융지주(국민 · 우리 · 신한 · 하나) 중 꼴찌로 전락했다. 반면 하나금융은 외환은행 조기 통합을 완료할 경우 자산 규모가 340조원으로 껑충 뛰어 단번에 1위 금융지주로 등극한다. 원화 대출과 국내 점포수 면에서도 국민은행에 이어 2위로 급부상한다. 앞으로 하나·외환은행의 통합 성공은 두 조직의 합병효과를 극대화할 수 있다[서울신문 이유미 기자, 2014.9.20.].

불안한 금융 산업의 정부주도 재편성은 금융 불안을 야기하는 요인이다.

29. 금융기관의 비효율경영과 금융 불안

- 상호금융조합의 잠재 위험이 금융 불안 요인

신협과 농·축·수협 단위조합, 새마을금고 등 상호금융조합의 덩치가 급격히 불어나면서 불안요인도 커지고 있다. 신협은 최근 3년간 총자산과 여신의 연평균 증가율이 20%를 넘었다. 짧은 기간에 자산이 갑자기 늘어나면 수익을 내기 위해 무리한 대출에 나설 우려가 크다.

저축은행 부동산 프로젝트 파이낸싱(PF) 부실에 놀란 금융당국이 상호금융조합에 대한 감시·감독 강화에 나섰다. 2007년 말부터 올 3월까지 3년3개월간 상호금융조합의 총자산은 233조원에서 311조원으로 78조원(33.5%) 증가했다. 총대출액도 같은 기간 146조원에서 186조원으로 40조원(27.4%) 늘었다. 이는 은행권 3년간 총대출 증가율 22.8%보다 높은 수준이다.

신협의 자산과 대출 증가가 두드러졌다. 신협은 2007년 말 총자산이 27조원에서 올 3월 48조원으로 21조원(77.8%) 급증했다. 총대출액도 18조원에서 29조원으로 11조원(61.1%) 늘었다. 상호금융조합의 자산이 많이 늘어난 것은 고객 예금이 크게 증가했기 때문이다. 2007년 말 180조원이던 총예금액은 2010년 말 254조원으로 74조원(41.1%) 늘었다. 총예금액은 2007년 이전 매년 15조원 가량 늘다가 2008년 이후 30조원씩 불어났다. 같은 기간 신협 예금은 23조원에서 42조원으로 19조원(82.6%) 폭증했다. 정부가 2009년 1월 서민대책의 일환으로 상호금융조합 예금에 대한 비과세를 2000만원에서 3000만원까지 확대하면서 예금이 급증한 것으로 본다.

지난해 말부터 저축은행에 대한 불안이 커지면서 상호금융으로 예금이 이동한 풍선효과도 작용한 것으로 진단한다. 문제는 늘어난 예금을 운용해 수익을 내야 하는데 대출 이외에 마땅한 수익성 출구전략이 없다는 점이다. 상호금융조합은 시중은행에 비해 대출 심사가 상대적으로 허술한 데다 은행권에서 돈을 빌리지 못한 대출자가 많아 부실 가능성이 크다. 신용등급 7~10등급자의 거래비중은 상호금융조합이 28.0%로 은행(5.7%)보다 크게 높다.

상호금융기관도 저축은행처럼 마땅한 먹을거리가 많지 않기는 마찬가지이다. 금감원은 최대 80%까지 허용했던 상호금융조합의 '권역 외 대출' 담보가치인정비율(LTV)을 60%로 낮췄다. 또 여러 신협이 공동 대출단을 꾸리는 신디케이트론을 총대출의 30% 이하로 맞추도록 하는 등 대출 규제책을 내놓았다. 상호금융조합의 자산 급증에 따른 잠재 리스크를 면밀히 분석해 선제적으로 대응하기로 했다지만 얼마나 효과를 걷을수 있을지 두고 볼일이다.

최근 금융 불안이 높아지면서 농협 · 수협 · 신협 · 산림조합 등 4대 상호금융기관의 대출행위에 대한 규제가 대폭 강화되고 있다. 권역외 대출이란 단위조합의 사업영역 밖에 있는 사람에게 대출해주는 것을 말한다. 담보가치 인정비율은 조합장 승인과 신용도에 따라 기본은 60%이지만 최대 80%까지 높아질 수 있었는데, 금감원은 이런 예외 규정이 권역외 대출에는 적용되지 않도록 중앙회 차원에서 대출표준규정을 바꾸도록 했다.

신협의 신디케이트론이 컨소시엄 형태의 부동산 프로젝트파이낸싱(PF)과 비슷해 신용 위험이 커질 수 있다. 당국은 여러 신협이 공동 대출단을 꾸리는 신디케이트론을 총 대출의 30% 이하로 맞추도록 했다. 수도권과 부산 · 경남 지역을 중심으로 100곳 정도가 총 대출의 30% 이상을 신디케이트론으로 취급했는데, 이를 1년 안에 30%까지 낮추라는 것이다. 금감원은 농협과 수협의 단위조합에 대해 비조합원 대출 규제를 엄격히 적용하기로 하고 농협과 수협의 정관을 개정 고시하도록 했다. 금감원의 규제 대상이 되는 기관은 농협 1168개, 수협 90개, 신협 962개, 산림조합 134개 등 총 2354개조합이다[한겨레신문, 2011.4.25].

- 금융기관의 과당경쟁은 금융불안야기

지방은행, 저축은행, 농협, 신용금고 신협 등은 모두 지역밀착은행이고 업무내용도 모두 비슷비슷해서 차별화돼 있지 않다. 또한 중, 소, 대 은행 할 것 없이 은행들끼리 과당경쟁이 매우 심하다. 이런 극심한 경쟁 상화 속에서 농협 전산 마비와 현대캐피탈 해킹 사고, 저축은행 부실 사태 등으로 안전자산 선호 심리가 확산되면 빠른 속도로 자금이동 현상이 벌어진다. 그 좋은 예가 우체국 수신이 대폭으로 증가한 사례이다. 우체국 예금 잔액은 2011년 3월 3조 5837억원 증가했다. 다른 금융기관에 비해 매우 큰 증가 폭을 보인 것이다. 은행 수신은 급감했고, 종금사 수신도 줄어 든 가운데 저축은행들의 잇단 영업정지를 당하면서 상대적으로 안전한 우체국 예금에 몰렸다.

우체국은 정부가 법률에 따라 원리금 전액을 지급 보장해 주는 높은 안전성이 작용한 탓도 있다. 저축은행 예수금은 1~2월 중 4조2159억원 줄었다. 우체국 예금은 4월에도 농협의 전산 마비 여파로 증가세를 이어가고 있다. 2011년 4월 19일 현재 우체국 예금 잔액은 56조3775억원으로 지난달 말보다 1조7965억원 늘었다. 지난 1월 말에 비해서는 거의 석 달 새 7조6797억원 급증했다. 농협 점포망 5688개 중 70%가량 비중을 차지하는 농어촌 지역고객들이 최근 전산 마비로 예금 등 금융 거래가 사실상 중단되자 우체국으로 몰린 것으로 풀이한다. 우체국 점포망은 2700여개로 1천141개며, 이 중 55%가량이 농어촌 지역에 있다[매일경제, 2011.4.21].

- 카드 대란은 금융 불안 유발

카드대출 규모, 연체율, 모집인 수 등의 주요 지표가 2003년 카드 대란 수준에 미치지 않지만 이대로 방치할 경우, 제2의 카드대란을 우려했다. 2010년 카드 발급이 급증하면서 전체 카드 수는 카드대란 수준을 뛰어넘었다. 2010년 12월 기준 신용카드 발급 수는 1억1659만개로 2002년 카드대란 때의 1억480만개를 넘어섰다(금융감독원). 카드 남발은 카드사들의 과당경쟁에 따른 것이다. 국내 카드 시장은 8개 사업자 외에 NH카드, 외환카드, 씨티카드가 분사되고 산업은행, 우체국금융도 신용카드 시장진출하게 되면 무한 경쟁이 가열되면서 무분별한 카드남발이 자행되면서 잠재 불안을 키웠다[서울파이낸스, 2011.4.24]. 금융권의 구조개편 움직임과 맞물려 금융회사 간 과당경쟁의 심화로 저신용자에 대한 카드발급 남발과 카드론 증가로 카드 건전성이 악화될 수 있다.

30. 외환시장과 환율 움직임

한국은 **전 세계에서 수출의** 30% **이상을** 5**대 기업이 차지하는 유일한 국가이다.** 반도체, 자동차, 무선통신기기, 선박, 석유 등 5대 주력품목 비중이 2000년 37.5%에서 2006년 42.6%로 늘었다. 대기업 중심의 중화학제품은 고속 성장하지만 경공업제품 수출성장률은 마이너스를 달리고 수출은 늘어도 내수와 설비투자는 감소하는 나라이다. 이런 현상이 구조적이며 고착된 것이 한국경제다.

수출이 잘 나가도 전체 경기가 좋아질 수 없는 원인은 외수와 내수의 연관이 빈약해 수출의 성장기여도가 매우 낮고 일자리 창출 능력이 취약한 경제구조이기 때문이다.

환율변수에 목맨 정부의 잇따른 외환시장 개입정보가 새나갔고 외환보유액 유동성에 대한 우려가 갈수록 커졌다. 9월말을 전후로 우리나라의 순채무국 전환이 기정사실이었다. 세계적인 달러 기근 속에서 잇단 정부 개입이 외환보유액을 지속적으로 감소시켰다.

정부는 외환보유액이 충분하다고 밝혔다. 환율이 폭등하는 상황에서 정부가 잇따라 외환보유액을 풀면 실탄이 바닥날 것이 우려됐다. 자칫 투기세력에 먹잇감만 내주는 상황이었다[아시아경제, 2008.9.30.].

원·달러 환율은 외화 유동성에 대한 우려로 달러당 1223.50원으로 폭등했다. 외환보유액이 6개월 연속 감소한 데 따른 불안심리 확산과 은행에 대한 외화 직접 대출을 하지 않겠다고 밝힌 정부입장이 환율 상승의 원인이었다.

또 리보(Libor · 런던은행간 금리)가 한때 사상 최고치를 기록한 데 이어 현물 환율과 선물 환율 간 차이인 스와프 포인트 1개월물도 -7.00원으로 떨어지는 등 외화 자금난이 해소되지 않는 것도 영향을 미쳤다.

외환보유액의 감소는 지난 4월부터 시작됐다. 수출을 늘리기 위해 고환율 정책을 펴던 정부가 물가안정으로 방향을 바꾼 것이 계기가 됐다. 이로써 지난 4월 이후 9월까지 6개월간 줄어든 외환보유액은 모두 245억7000만달러로 전체 외환보유액의 10%에 이른다.

반면 1년 내에 갚아야 하는 유동외채는 3월 말 2161억3000만달러에서 6월 말 현재 2223억2000만달러로 61억9000만달러가 늘었다. 외환보유액 대비 유동외채 비율도 3월 말 81.8%에서 6월 말 86.1%로 증가한 데 이어 9월 말에는 92.7%에 이르렀다.

정부와 한국은행은 유동외채의 증가와 가용 외환보유액은 사실상 무관하다는 입장이다. "2000년 이후로 국제통화기금(IMF)이 집계하는 주요국의 외환보유액은 '외화자산 중 부채를 제외한 순자산에서 즉시 유동화가 가능한 부분이며 정부가 발표하는 외환보유액 자체가 모두 가용금액이라고 본다.주10)

유동외채가 외환보유액을 초과할 수 있다는 지적에 대해 한은은 부채만 생각하고, 자산을 고려하지 않은 것이라며 유동외채 가운데 73%는 은행권이 차지하고 있는데 감독규정에 따라 유동성비율을 106%로 맞추고 있어 유동자산이 더 많다고 설명했다.

그러나 일각에서는 외환보유액에서 유동외채를 제외한 170억달러나, 전체 외환보유액 가운데 외국계 은행 지점이 본점에서 빌려온 부채와 환헤지를 전제로 빌려온 자금 1600억달러가량을 제외한 800억달러 안팎만이 실제로 외환당국이 현금화해 집행할 수 있는 금액이라는 주장도 제기되고 있다.

주10) IMF는 가용 외환보유액을 즉시 현금화할 수 있으며 통화당국에 의해 관리되고 있는 자산(readily available to and controlled by Monetary Authority)으로 정의하고 있다.

- 외환시장의 변동성 확대 - 금융 불안

엔화 대비 원화의 가치가 960원대로 또 다시 하락했다. 이는 글로벌 금융위기 이후 최저 수준이다. 반면 원·달러 환율은 미국 경기회복과 연준의 통화정책 정상화 기대에 따라 상승했다[서울=뉴스1 이훈철 기자, 2014.10.22].

2014년 3분기 원·엔 환율(100엔당)은 964.8원을 기록했다. 분기 중 평균 원·엔 환율은 988.7원으로 하락했다. 평균치가 1000원 밑으로 하락한 것은 최근 3년 새 처음이다.

반면 원·달러 환율은 상승세로 돌아섰다. 올 3분기 원·달러 환율은 1055.2원으로 상승했다. 분기 중 평균 원·달러 환율은 1026.6원으로 하락했다.

환율은 연중 최저치인 1008.5원까지 하락했으나 이후 미국 경제지표 호조에 따른 연준의 조기 금리인상 가능성 등이 부각되면서 8월 초 1037.6원까지 반등했다. 금리인하가 결정된 8월14일 이후에는 추가 기준금리 인하에 대한 기대 등에 으로 1014원까지 하락했으나 9월 들어 연준의 통화정책 정상화 기대에 따라 1055.2원을 회복했다.

원·달러 환율 변동성은 여전히 높은 수준을 기록했다. 3분기 원·달러 환율 변동성은 전분기보다 0.05%p 상승한 0.29%를 기록하며

G20국가 중 9번째로 변동성이 높다. 원·달러 환율의 일중 및 전일 대비 평균 변동 폭은 각각 4.4원 및 3.0원으로 전 분기에 비해 확대됐다[서울=뉴스1 이훈철 기자, 2014.10.22].

- 환율과 주가의 불안정성 - 금융 불안

원-달러 환율이 외환위기 이후 10년 만에 1,390원대로 상승했다. 원·엔 환율도 100엔당 1,400원에 바짝 다가섰다[연합통신, 2008.10.8.]. 국내외 주가 폭락이 원·달러 환율 급등을 가져왔다. 미유럽 증시가 각국 정부의 적극적인 대처에도 계속 급락하면서 달러화 매집 심리가 확산됐다. 코스피 지수가 1,300선 아래로 폭락한 점도 원화 약세를 부추겼다.

북한의 미사일 발사 소식이 외환시장의 불안에 가세하였다. 매물 공백으로 손절매수가 촉발되면서 1,400원에 육박하기도 했다. 당국이 개입에 나서면서 1,400원 선 진입을 가까스로 막았다. 개입 규모는 10억 달러 미만으로 추정되었다. 원·엔 환율은 1,395.28원을 기록하였다. 1997년 12월23일 1,494.83원 이후 10년 10개월여 만에 최고수준이었다. 상승폭 역시 10년 10개월 만에 최대 폭이었다.

31. 증시의 높은 개방성이 금융 불안 유발?

- 증시불안정, 높은 변동성

코스피를 끌어내리는 외국인의 순매도세로 연일 추락하고 있다. 지난 8월부터 10월말까지 최장기관 한국 주식을 쓸어 담은 외국인 투자자의 변심으로 하락한 것이다. 코스피종합주가지수도 외국인의 매도공세에 연일 약세다.

미국의 테이퍼링(자산 매입 축소)과 블랙 프라이 데이(11월 마지막 주 목요일인 추수감사절 다음 날부터 시작되는 쇼핑 시즌) 등 주요 이벤트를 앞두고 외국인 투자자들이 관망세를 보이면서 외국인 유동성이 높은 국내 증시의 구조적인 환경에도 원인이 있다[아시아경제 구채은 기자, 2013.12.08].

지난 8월23일부터 10월말까지 44거래일 동안 외국인투자자는 최장기관 한국주식을 쓸어 담았다. 하지만 지난 3일부터 다시 매도우

위로 전환 '팔자'세를 이어가고 있다. 이에 따라 증시는 4거래일째 하락세를 보이며 2000선을 밑에서 지루한 박스권 장세를 이어가고 있다.

한국증시가 외국인의 투자동향에 따라 춤을 추고 있다. 한국증시의 총 시가총액은 올 3월말 기준 1조1549억 달러로 세계 시장 15위인데 거래대금은 7위로 규모에 비해 거래가 활발하다는 것을 이야기해 주고 있다.

여기에 회전율도 높다. 세계 주식회전율(거래량/시가총액) 순위에서 2011년 기준 한국(195.1%)이 1위(세계발전지수WDI)로 터키(162.7%), 독일(134.5%), 러시아(127.3%), 일본(108.9%)등을 앞선다.

자본시장의 문이 활짝 열려있는 개방도 대규모 자금동원이 가능한 외국인 투자자의 터 밭이 되고 있다. 글로벌 제도적 시장 개방정도에서 우리나라는 70으로 싱가포르(75)를 제외하면 신흥국(멕시코 65, 터키 65, 남아공 45, 브라질 45, 인도네시아 35, 말레이시아 30, 러시아 25, 중국 20) 중에 가장 높다[월스트리트저널 발표].

게다가 명목 GDP 대비 증권 투자자금 유입 규모도 높다. 2011년 기준 한국의 명목 국내총생산(GDP)대비 증권투자자금유입 규모는 2011년 말 현재 42.7%로 말레이시아(49.4%) 다음 순이다[WDI발표 자료].

경제규모에 비해 증시로 유입되는 자금이 신흥국 중에서는 높은 셈이다.

외국인의 시가총액이 35%를 웃돌 만큼 영향력이 크다보니 매도세가 나타나면 이에 대항할만한 국내투자 주체가 없어 높은 변동성을 유발한다.

- 한국의 높은 주가 변동성 - 금융 불안 요소

국내 증시의 등락 폭은 다른 나라에 비해 유달리 크다. 2007년 주요 국가 **증시의 월별 일중 변동성**(**단위**; %)=**하루 중 고가와 저가의 괴리율**: (**고가-저가**)/**고저가평균은 다음과 같다**[자료: 선물거래소, 매일경제[2007.8.21].주11)

구분	한국	미국	일본	홍콩	중국	영국
1월	1.23	0.78	1.07	1.45	3.71	0.92
2월	0.97	0.84	0.98	1.18	3.44	0.90
3월	1.14	1.08	1.33	1.22	2.54	1.33
4월	0.93	0.74	1.14	1.01	2.36	0.83
5월	0.99	0.73	0.90	0.83	3.04	0.90
6월	1.57	1.06	0.67	0.95	3.89	1.07
7월	1.70	1.30	1.18	1.09	2.74	1.30
8월	2.54	1.98	1.45	1.70	2.80	2.35

주11) 주가 변동성은 주가수익률의 표준편차로 표시한다. 주가수익률의 표준편차란 일정한 기간 동안 일별 주가수익률이 얼마나 흩어져 있느냐를 판단하는 지표다. 변동성이 커지면 그 만큼 주식투자자들에게 위험성이 높다.

2007년 8월 초중반 국내 증시는 격심한 급등락을 연출했다. 변동성은 6월 초까지 10%대 초반 대였으나 그 이후 두 배 이상 확대되었다. 장중 최고가와 최저가 간 차이를 나타내는 일중 변동성도 대폭 확대되었다. **미국 서브프라임 부실 여파에 따른 한국 증시 급등락은 선진국 증시에 비해 월등히 높았다. 유별난 롤러코스트 장세가 반복되었다**[매일경제, 2007.8.2.].

32. 채권시장의 불안정은 금융 불안 요인

외국은행 국내 지점들이 2007년 국고채와 통안채 등 국내 채권을 싹쓸이 했다. 순매입한 규모가 올해 순발행액의 2배에 육박했다. 2006년 국내 채권시장 최대 매수 세력으로 등장한 외은 지점들은 2007년 그 위세를 더욱 떨치고 있다. **외화 차입과 국내 콜시장에서 마련한 대규모 단기자금을 채권시장에 쏟아붓다** 시피 한 것이다. 외국은행 국내지점(이하 외은지점)들은 2007년 1~2월에만 무려 8조6000억원어치의 국고채와 통안채를 순매입 했다. 같은 기간 국고채는 7조4124억원 순발행, 통안채는 8600억원 순상환으로 두 종류 채권을 통틀어 6조7894억원이 증가했다. 외은 지점의 순매입 규모가 순발행 규모를 2조원 가량이나 웃도는 셈이다.

외은 지점들은 또 3월 들어서는 매입규모를 더욱 키워 5조원 가량을 순매입한 것으로 알려졌다. 이를 합하면 1~3월중 총 13조 6000억원의 채권을 사들인 것으로 같은 기간 순발행규모인 7조4000

억원의 거의 2배에 달한다. 또 **국고채와 통안채의 총 발행액인** 48 **조원과 비교해도** 25% **이상을 외은 지점이 거둬간 것으로 보인다**. 외은지점은 지난해 연간 16조원의 국고채와 통안채를 순매입했다. 올들어 겨우 석달 동안 사들인 채권이 지난해 연간 매입액에 육박한다는 얘기다. 특히 지난해 외은 지점 순매입액이 2005년 2조9000억원에서 무려 5배나 확대된 것으로 역대 최대 기록이고, 국민연금, 생명보험사, 국내 은행 등을 통틀어 최대 규모였던 점을 감안하면 올해 외은지점의 먹성이 얼마나 대단한 것인지 가히 짐작할 수 있다.

지난해 이후 외은지점의 국내 채권 매입이 폭증한 가장 큰 이유는 **단기외화차입을 통한 재정거래**가 크게 늘어났기 때문이다. 국내 수출기업의 선물환을 대규모 매도하자 이를 매입한 외은지점들이 환위험을 헤지하기 위해 본점 등에서 단기외화를 대규모 차입해 국내 외환시장이나 스왑시장에서 달러를 팔아 원화를 조달했고 이 자금으로 국내 채권을 사들인 것이다.

지난해 조선업체 수주액은 221억달러로 2005년 177억달러에 비해 25% 가량 증가했다. 그러나 국내 기업체의 선물환 순매도 규모는 292억달러에서 493억달러로 69% 가량 급증했다. 또 환율 하락 기대로 선물환율이 현물환율에 비해 과도하게 떨어지자 그 환율차이를 노린 재정거래를 위한 외화차입도 상당규모에 이를 것으로 추정되고 있다.

올해 들어서는 국내 콜시장에서 차입한 자금을 보태 단기 국고채나 통안채 매수에 썼다. 단기 외화차입은 1~2월 50억달러로 지난해 한창 급증하던 4~9월에 비해 둔화됐다. 그러다 3월들어 국채선물 매수 결제일이 다가오자 단기 외화차입을 60억달러로 크게 늘리고 콜시장에서도 자금을 차입해 채권 매수에 사용한 것으로 보인다.

또 올들어 국내 금리가 상승하면서 재정거래에서 얻는 이득이 더 커지고, 지난해 미처 헤지하지 못한 물량으로 인한 고정금리 채권 수요도 커진 것이다. 한편 외은 지점들의 이같은 차익거래가 지속되면서 지난해말 단기외채는 1136억달러에 달해 2005년 659억달러에 비해 2배 가량 확대됐다. 또 단기외채 비중도 2005년말 35.1%에서 지난해말 43.1%로 상승했다.

- 국채만기 상환 집중은 금융 불안 요인

국고채 만기가 2014년에 집중돼 있어 만기 상환 리스크가 부각되고 있다. 특히 9월에만 36조원의 만기가 집중돼 상환 압력이 거세질 전망이다. 정부는 만기 분산을 위해 조기상환(바이백) 대상을 확대하는 등 대책 마련에 나섰다.

특정 월에 만기가 집중되는 것은 통합발행은 유통 편의성을 위해 월별 발행물의 만기를 3월과 9월로 통일해 발행하는 방식에 따른 부작용이다. 따라서 앞으로 이 같은 현상이 더욱 심화될 것으로 예상돼 유통시장에서 종목별 단기 급등락이 반복될 가능성이 높아졌다. 오는 2014년 9월 만기 도래분 국고채 물량은 36조1600억원에 달하고 3월 만기를 더하면 2014년에 연간 57조2200억원의 만기가 집중돼 있다.

2014년에 만기가 집중된 것은 2009년 사상 최대로 국채 발행이 이루어졌기 때문이다. 2009년 연간 85조원의 국고채를 발행해 전년 대비 64%나 늘렸던 탓이다. 글로벌 금융위기 극복을 위해 재정 지출이 늘면서 국채 발행도 덩달아 크게 늘었던 것이다. 2011년에도 국고채 발행 계획이 82조원으로 잡혀 있다. 3년 물로 총 계획량의 20~30%가량 발행한다면 2014년 만기 도래 물량은 16조~24조원가량 늘어난다. 6월 발행분부터 2014년 만기로 잡히기 때문에 총 60조~70조 원가량의 국채 만기가 2014년에 몰리게 된다.

2011년 **만기 도래 분 국고채 규모는** 22**조**29000**억원**, 2012**년** 46 **조원**, 2013**년** 43**조원 규모다. 월별로 볼 때** 2014**년에 만기가 집중돼 있는 것을 알 수 있다**. 국채 만기가 도래하면 이를 상환하기 위해 새로운 국채를 발행해야 한다. 만약 만기가 집중돼 있는 가운데 국가 재정 건전성에 대한 의문이 부각되면 국채 발행이 원활하지 않을 수 있다.

이렇게 되면 국채 금리가 급등(채권 값 폭락)할 수 있으며 외국인은 차환발행에 응하지 않고 만기 상환 자금을 본국으로 송금하게 되면 원화가치까지 폭락할 수 있다. 국채발행에 실패하면 심할 경우 재정 디폴트(부도)상황까지 이어질 수 있다. 최근 남유럽의 포르투갈 아일랜드 그리스 등이 겪고 있는 재정 위기도 국채의 만기가 몰리면서 차환발행이 원활하지 않아 발생한 상황이다.

차환 발행을 대신해 한국은행의 일시 차입금을 쓸 수도 있다. 한은 일시차입한도는 월 15조원 규모다. 종전까진 월별 만기가 15조원 내외여서 문제가 없었다. 하지만 2014년 9월 물량은 36조원으로 차입한도를 크게 넘어선다. 정부는 만기 분산을 위해 국고채 조기상환(바이백) 대상을 확대하기 시작했다.

종전까진 시장 충격을 최소화하는 범위 내에서 만기 2년이 내 물량을 대상으로 바이 백을 실시했다. 국고채 바이백은 정부가 만기 전에 국고채를 조기 매입하는 것으로 채권 딜러사(PD)사들은 이에 응해야 한다. 조기상환 종목이 발표되면 해당 종목을 선 취매하려는 수요가 많다.

오는 13일에 2013년 3월, 9월 만기 도래 물과 2014년 3월 9월 만기 도래 물을 대상으로 바이 백을 실시할 계획에 따라 지난 1일 3년만기 지표 국고채가 6bp(0.06%p) 급락(가격급등)하기도 했다. 당시

10년 만기와 20년 만기 국고채는 각각 2bp 하락하는 데 그쳤다.

연초 계획된 국고채 바이백 한도는 12조원 규모다. 이미 3월까지 교환된 물량을 감안하면 4월 이후 바이백 규모는 8조8200억원 가량이 될 전망이다. 2014년 9월에 만기가 도래하는 국고채의 조기상환의 수혜가 예상되며 5월 이후에도 조기상환에 해당 종목이 계속 포함돼 수요가 확대될 것으로 전망했다.

2014년 9월 만기 종목은 국고 4-6과 국고 9-3, 2014년 3월 만기는 국고 4-3과 9-1 등이다[신영증권 연구원]. 바이백 외에 3년 만기 국고채 발행 규모의 조정도 예상할 수 있다. 연간 국채발행 계획의 20~30%가량을 3년 만기로 발행키로 했으나 이를 최소한으로 줄일 가능성이 높다.

국고채 만기 분산을 위해 3년 신규 종목 발행을 최대한 자제할 가능성도 있다. 상대적으로 만기 집중 부담이 낮은 5년, 10년물의 발행이 늘어날 경우 수급상 3년 금리 강세, 5~10년 금리 약세가 일어날 수 있다[하이투자증권 연구원, 머니투데이, 2011.4.7.].

33. 실물경제 순환의 단기화는 금융 불안 요인

한국 경제는 김영삼 정부 말기 때 외환위기를 경험했다. 김대중 정부 때에는 개인 신용과 카드채 사태를 경험했다. 외환위기는 금융체제의 붕괴 직전까지 야기 했다. 개인 신용과 카드채 사태는 금융시장의 심각한 불안을 초래했다.

외환위기 이후 경기순환 주기는 평균 27.7개월로 외환위기 이전의 52.8개월에 비해 절반으로 단축되었다. 확장국면의 지속기간은 34개월에서 16개월로 줄어들었다. 경기가 바닥을 친후 정점에 이르는 기간이 불과 7개월에 그친 경우도 있었다. 이는 불황에서 제대로 회복되는 것을 체감하기도 전에 경기가 다시 하강하는 양상을 되풀이했다는 의미다.

또한 외환위기 이후 경기 확장국면의 평균 성장률은 5.3%로 외환위기 이전의 경기 수축 국면 성장률 5.9%보다 밑돌았다. 경기 확장기에 상승 추세가 강하지 못하고 체감경기도 개선도지 못하는 현상이 지속되었다.

또 환란 이후 추세 증감률과 순환 변동 폭의 하락으로 불규칙 요인이 경기흐름을 역전시키는 현상이 자주 발생해 경기 판단에 혼란을 유발하였다[한국은행, 중앙일보, 2007.8.16.].

실물경기의 불안과 후퇴는 금융권의 불안으로 연결되고 심각한 금융 불안은 금융시스템 위기로 이어진다. 2008년 글로벌 금융위기는 국내 경기의 침체와 함께 동반하면서 금융시스템의 불안정을 유발했다. 금융시스템의 불안정성은 금융시장의 불안정과 금융기관의 불안정성이 서로 상승 작용하면서 고조된다. 금융 불안은 극도의 경기 침체가 동반되면 금융시스템은 순식간에 무너진다. 2008년 글로벌 금융위기와 동반한 실물경기의 침체는 외환위기 때보다 더 심각했다. 불황에서 금융기관 불안정성의 연쇄적 확산을 막기 위한 갖가지 정부 정책이 동원되었다.

국내외 경기침체 악화 - 기업의 부도 속출 - 기업대출의 상환불능 내지 위험 증대 - 은행의 부실자산 증대 - 은행의 수익 전망 악화 - 은행 자금조달 애로 - 은행 고금리 자금조달 불가피 - 은행의 이자 부담 증대 - 은행 수익성 악화 - 수익성 만회 용 고금리 대출 확대 - 대출 원금의 부실화 가능성 증가로 이어질 수 있는 상황이 계속됐다.

이 같은 악순환을 벗어나는 방법 중의 하나가 배드뱅크에 부실자산을 매각하여 은행의 건전성을 개선하고 금융기관의 중개기능 효율성을 높임으로서 시중의 자금경색 현상도 해소하고 자금흐름을 원활하게 돌아가게 한다. 배드 뱅크는 특히 은행 본연의 예대업무를 정상화시키고자 하는데 역점을 둔다. 배드뱅크는 불량채권에 연계된 담보물을 매각하거나 이를 기초자산으로 자산유동화증권(ABS)을 발행해 최대한 대출원금에 가까운 금액을 회수한다. 경우에 따라서는 부실기업을 구조조정한 뒤 주식시장 상황이 좋을 때 매각하여 원금 이상의 투자이익을 내기도 한다.

그러나 한국 금융의 경우, 금산분리와 출자총액제한제도의 미해결 문제, 자본시장통합법 시행, 금융시장과 금융기관의 경영기법의 발전 등과 복잡 다변화하는 금융세계 속에서 또 다시 경제위기가 나타날 경우 금융기관과 제조기업 간 서로 복잡한 소유 관계가 얽히면 배드뱅크나 캠코 만으로도 해결할 수 없는 또 다른 상황이 전개될 수 있다.

- 부동산 시장 발 금융 불안

또한 **한국은 부동산 발 경제시스템 불안정성이 높다. 한국은 부동산 비중이 선진국에 비해 지나치게 높다.** 우리나라 도시 가구의 자산 보유구성을 보면 금융자산은 10.2%이고 나머지 89.8%는 부동산 형태로 보유한다. 특히 부동산에서 집값이 차지하는 비율이 83.4%에 이른다. 대다수 도시 가구들이 집 한 채 보유한 셈이다. 과도한 부동산 편중이다;

가계의 금융자산과 비금융자산의 구성
한국 17/83%(2001년), 10.2/89.8%(2006년) 미국 40/60%(1998년), 36.7/64.3%(2005년) 독일 28/72%(1997년) 네덜란드 27.6/72.4%(1998년)

자료 : 매일경제, 2006.3.14, 대한상의 자산보유실태 조사

과도한 부동산 편중 자산구성은 가계와 경제, 금리정책 등에 심각한 부담이 된다. **개인 및 경제는 외부 충격에 매우 취약한 상태에 노출되어 금리정책 운용을 제약한다. 남한의 부동산을 팔면 프랑스 국토를 7번이나 살 수 있다.**

강남 고급 아파트 평당 가격은 5천만 원으로 1인당 소득을 감안할 때 뉴욕 최고급 아파트 값 4,750만원을 넘었다. 개발 호재가 있는 곳이면 일어나는 부동산 가격 폭등과 재건축 아파트 가격의 지속적 상승, 가계의 높은 부동산 선호는 잠재적 폭발 요인들이다[매일경제, 2006.3.14.].

34. 한국의 금리체계 왜곡 발 금융 불안

- 기준금리 미(未)장착 발 금융 불안

기준금리 변경은 투자와 소비에 직접적으로 영향을 미칠 뿐만 아니라 은행대출금리와 장기채권 금리 등 여타 금리에 영향을 미쳐 금리체계를 전반적으로 조종한다. 은행대출금리는 양도성예금(CD)금리에 연동되어 있다.

주택담보대출금리도 CD금리에 연동되어 있다. 그러나 CD금리는 대표금리로서의 한계가 지니고 있었다. CD금리는 시장의 수급사정을 반영하지 못하고 금융기관의 자의적 요인이 작용하며 CD금리에 따라 수익률이 결정되는 파생상품의 문제점 등이 노출된 것이다.

이런 이유에서 CD금리를 대체하는 대안으로 통화안정증권금리(91일물)와 코리보(KORIBO)금리가 논의되었다. 그러나 통화안정증권금리는 한국은행의 발행 물량 주도로 결정되므로 채권시장의 수

급원리를 반영하지 못하고 관치금리라는 약점이 있다. 통화조절 목적으로 발행하는 통안증권을 기준금리로 채택하는 것도 문제가 있다.

정기적으로 통화증권을 발행해 거래시장을 활성화하면 가능한 대안이 된다는 점에서 통화안정증권 91일물 금리를 기준금리 지표로 사용할 수 있다. 코리보 금리는 국내 원화시장에서 실제 자금이동이 없는 가상금리라는 점이 취약점이다[매일경제, 2006.7.17.].

코리보는 시장에서 유통되지 않고 은행 호가를 기준으로 산정되므로 단기금융시장 사정을 정확히 반영하기 힘들고 은행 간 담합 가능성마저 나타날 수 있다. 금융권이 자발적으로 코리보 금리를 기준금리로 채택하고 코리보 기준으로 단기자금을 조달하고 유통하는 시장을 키워야 하는 것도 문제다. 그 밖에 CD금리와 국채수익률, 통안증권 금리 등 몇 개 금리지표를 가중 평균해 지표금리로 활용하는 방법이 있다[매일경제, 2006.7.21.].

- 국채관리는 금리, 환율을 끊임없이 왜곡했다

한국 재정은 2008년 글로벌 금융위기 극복을 위해 재정지출이 대규모로 늘면서 국채를 대량 발행하였다. 특히 2009년에는 연간 85조원의 국고채를 추가 발행해 전년 대비 64%나 늘어났다.

이는 국채시장 금리와 국채관리 및 재정운용에 무거운 부담으로 가중시키는 부작용을 가져왔다. 우선 만기 구조가 쏠리는 집중화 현상을 유발했다. 국고채 만기가 2014년에 집중되면서 만기 상환 리스크가 부각된 것이다.

특히 9월에만 36조원의 만기가 집중돼 상환 압력이 강해질 것으로 전망한다. 정부는 만기 분산을 위해 조기상환(바이백) 대상을 확대하는 등 대책 마련에 나섰다. 특정 월에 만기가 집중되는 것은 통합발행은 유통 편의성을 위해 월별 발행물의 만기를 3월과 9월로 통일해 발행하는 국채관리 방법에 문제점을 드러냈다.

특히 이 같은 현상이 더욱 심화될 것으로 예상돼 유통시장에서 종목별 단기 급등락이 반복될 가능성이 높아질 수 있다는 점이다. 오는 2014년 9월 만기 도래분 국고채 물량은 36조1600억원에 달하고 3월 만기를 더하면 2014년에 연간 57조2200억원의 만기가 집중돼 있다.

2014년에 만기가 집중된 것은 2009년 사상 최대로 국채 발행이 이루어졌기 때문이다. 2011년에도 국고채 발행 계획이 82조원으로 잡혀 있다. 3년 물로 총 계획량의 20~30%가량 발행한다면 2014년 만기 도래 물량은 16조~24조원가량 늘어난다.

6월 발행분부터 2014년 만기로 잡히기 때문에 총 60조~70조 원 가량의 국채 만기가 2014년에 몰리게 된다. 2011년 만기 도래 분 국고채 규모는 22조29000억원, 2012년 46조원, 2013년 43조원 규모다.

월별로 볼 때 2014년에 만기가 집중돼 있다. 국채 만기가 도래하면 이를 상환하기 위해 새로운 국채를 발행해야 한다. 만약 만기가 집중돼 있는 시기에 국가재정 건전성에 대한 의문이 부각되면 국채 발행이 원활하지 않을 수 있다.

이렇게 되면 국채 금리가 급등(채권 값 폭락)할 수 있다. 외국인은 차환발행에 응하지 않고 만기 상환자금을 본국으로 송금하게 된다. 이 때 달러수요가 급증하면 원화가치까지 폭락할 수 있다. 국채 발행을 소화시키지 못하고 실패할 경우 재정 디폴트(부도)상황까지 이어질 수 있다.

최근 남유럽의 포르투갈 아일랜드 그리스 등이 겪고 있는 재정위기도 국채의 만기가 몰리면서 차환발행이 원활하지 않아 발생했다. 차환 발행을 대신해 한국은행의 일시 차입금을 쓸 수도 있다. 한은 일시차입한도는 월 15조원 규모로 문제는 없지만 2014년 9월 물량은 36조원으로 차입한도를 크게 넘어선다.

가장 큰 문제는 한은 일시차입한도가 악성 인플레이션을 초래할 수 있다는 점이다. 정부는 만기 분산을 위해 국고채 조기상환(바이백) 대상을 확대하기 시작했다. 종전까진 시장 충격을 최소화하는 범위 내에서 만기 2년 이내 물량을 대상으로 바이 백을 실시했다.

국고채 바이백은 정부가 만기 전에 국고채를 조기 매입하는 것으로 채권 딜러사(PD)사들은 이에 응해야 한다. 조기상환 종목이 발표되면 해당 종목을 선 취매하려는 수요가 많다. 지난 3월 31일 발표한 기획재정부 조기상환 계획에 따르면 정부는 오는 13일에 2013년 3월, 9월 만기 도래 물과 2014년 3월 9월 만기 도래 물을 대상으로 바이 백을 실시할 계획이다.

이에 따라 지난 1일 3년 만기 지표 국고채가 6bp(0.06%p) 급락(가격급등)하기도 했다. 당시 10년 만기와 20년 만기 국고채는 각각 2bp 하락하는 데 그쳤다. 연초 계획된 국고채 바이백 한도는 12조원 규모다. 이미 3월까지 교환된 물량을 감안하면 4월 이후 바이백 규모는 8조8200억원 가량이 될 전망이다.

2014년 9월에 만기가 도래하는 국고채의 조기상환의 수혜가 예상되며 5월 이후에도 조기상환에 해당 종목이 계속 포함돼 수요가 확대될 것으로 전망했다. 2014년 9월 만기 종목은 국고 4-6과 국고 9-3, 2014년 3월 만기는 국고 4-3과 9-1 등이다[신영증권 연구원].

바이백 외에 3년 만기 국고채 발행 규모의 조정도 예상할 수 있다. 연간 국채발행 계획의 20~30%가량을 3년 만기로 발행키로 했으나 이를 최소한으로 줄일 가능성이 높다. 국고채 만기 분산을 위해 3년 신규 종목 발행을 최대한 자제할 가능성도 있다.

상대적으로 만기 집중 부담이 낮은 5년, 10년물의 발행이 늘어날 경우 수급 상 3년 금리 강세, 5~10년 금리 약세가 일어날 수 있다 [하이투자증권 연구원, 머니투데이, 2011.4.7.].

– 주식, 채권시장

유가증권시장의 시가총액은 2011년 1041조9000억원에서 2013년 8월말 1128억2000조원으로 증가했다. 같은 기간 코스닥 시장의 시가총액 역시 106조원에서 120조원으로 늘어났다. 그러나 기업에 대한 직접금융 조달 실적은 오히려 감소했다. 2011**년 8월만 해도 거래소의 기업 직접금융 조달 실적은** 6**조**8185**억원이었지만** 2012**년 월** 1**조**1707**억원으로** 83% **감소했다**. 올해의 성적도 초라하긴 마찬가지다. 2013년 8**월 기업 직접금융 조달 실적은** 1**조**9726**억원이다**. **조달건수도** 2011**년** 92**건에서** 2012**년** 47**건으로 급감했다**. 2013년 역시 55건으로 저조한 성적이다[이데일리 김인경 기자, 2013.10.24].

한국의 채권 발행시장과 유통시장이 크게 늘어났다. 채권 발행 잔액이 처음으로 1천500조원을 돌파했다. 채권 시장이 커지면서 채권 거래 규모도 대폭 확대됐다. 2012년 채권 거래대금은 총 6천18조538억원으로 확대되었다.

2013년 10월 말 현재 채권 발행 잔액은 1천514조8천368억원에 이른다. 국채가 452조원으로 전체의 29.9% 비중이고 특수채 350조원 23.1%, **회사채 228조원** 15.0%, 은행채 183조원 12.1%, 통안채 170조원 11.2%, 기타금융채 74조원4.9%, 자산유동화증권(ABS) 39조원 2.6%, 지방채 18조원 1.2% **등이다**[서울=연합뉴스, 박상돈 기자, 2013.11.12/금융감독원/금융투자협회].

전채 채권 발행 잔액이 1천500조원을 넘은 것은 2009년 3월 말(1천22조6천129억원) 1천조원 선을 돌파한 이후 4년 7개월 만이다. 이 수치는 2006**년 말** 831**조원에서** 2007**년 말** 898**조원**, 2008**년 말** 956**조원**, 2009**년 말** 1**천**129**조원**, 2010**년 말** 1**천**200**조원**, 2011**년 말** 1**천**287**조원**, **작년 말** 1**천**394**조원 등으로 증가했다**.

자본시장법 제정 이전인 2006년 말과 약 7년 후인 올해 10월 말을 비교하면 국채 비중의 경우 31.0%에서 29.9%로 소폭 줄었다. 은행채와 통안채 비중도 2006년 말 19.6%, 19.1%에서 올해 10월 말 12.1%, 11.2%로 각각 하락했다. 반면 특수채와 회사채 비중은 큰 폭으로 올랐다. 올해 10월 말 현재 특수채 비중은 23.1%로 2006년 말(12.9%)의 거의 두 배 수준이고 회사채 비중은 같은 기간에 9.2%에서 15.0%로 커졌다. 특수채 잔액이 큰 폭으로 늘어난 것은 지난 정부에서 4대강 사업 등에 쓸 자금조달을 위해 특수채 발행을 늘렸기 때문이다.

채권 시장이 커지면서 채권 거래 규모도 대폭 확대됐다. 2012**년 채권 거래대금은 총** 6**천**18**조**538**억원으로** 2006**년**(3**천**61**조**1**천**307**억원)보다** 96.6% **늘었다**. 2012년 국채 거래대금이 3천419조8천454억원으로 전체의 56.8%에 달했고 통안채 1천476조원(24.5%), 은행채 394조원(6.5%), 특수채 373조원(6.2%), 회사채 189조원(3.1%) 등의 순이었다[서울=연합뉴스, 박상돈 기자, 2013.11.12/금융감독원/금융투자협회].

– 수익률, 금리, 부동산 가격 등 가격체계의 혼란

장기 경기 침체와 저금리정책 기조 그리고 부동산 부양책이 함께 맞물리면서 한국의 금융시장이 크게 교란되고 찌그려지는 모습을 보이고 있다.

정부정책 실패가 빚은 결과는 그래도 믿을 건 부동산 밖에 없는 것인가. 오피스텔이나 상가 등 수익형부동산과 토지가 여전히 유효한 재테크 수단으로 나타났기 때문이다. 수익형부동산이 워낙 낮은 시중 금리 탓에 금융 상품의 두세 배에 이르는 수익을 올리고 있다.

지난해 12월 기준 **서울 오피스텔의 임대 수익률은** 5.61%다. **경기도는** 6.16%**다. 또 지난해 오피스 건물의 투자수익률은 전년과 비교해** 0.62%**포인트 오른** 5.91%**를, 매장용 건물(상가)은** 0.84%**포인트 오른** 6.16%**를 기록했다. 채권 수익률(국고채** 2.59% · **회사채** 2.98%) **이나 금융상품 수익률(정기예금** 2.54%)**과 비교해 월등히 높은 수치다**[국토교통부/2014년 4분기 및 연간 상업용 부동산 임대동향 조사].

그렇다면 상업용 부동산을 통한 실제 수익이 늘었을까. 꼭 그런 것은 아니다. 과잉공급 등의 여파로 지난해 공실률이 오피스, 매장용 건물에서 각각 2%포인트, 0.1%포인트 높아졌다.

이런 상황인데도 투자수익률이 높아진 이유는 이 지수가 임대료 수입에 따른 소득수익률과 건물의 자산 가치 상승으로 자본수익률을 보태 산출되기 때문이다.

경기 회복 속도가 더뎌 상업용 건물의 임대수요가 부진해 소득수익률은 떨어졌지만 저금리 기조가 이어지며 상가 등의 자산가치가 많이 상승해 투자수익률이 올랐다. 상업용 부동산이 투자 시장에선 선전하고 있지만 임대 시장에서는 고전하는 상반된 현상을 보이고 있다.

땅값도 크게 뛰었다. 지난해 땅값이 전국 평균으로 1.96% 상승했다. 이런 상승률은 2007년 3.88% 이후 7년 만에 최고다. 저금리 때문에 은행에서 나온 자금이 유입된 결과로 풀이된다[세계일보, 나기천 기자, 2015.1.28.].

한국은 자산수익률, 여수신금리, 부동산 가격 등의 가격체계가 지역별, 시장별, 상품별로 분할되면서 극심한 차별화 현상을 나타내고 있다.

– 원·달러 환율의 급락과 시장개입

원 · 달러 환율이 장중 연저점을 경신하자 외환당국이 강도 높은 개입에 나섰다. 기획재정부와 한국은행이 공동으로 구두 개입에 나선 데 이어 강도 높은 매수 개입을 단행한 것으로 추정되고 있다. 외환정책당국은 최근 들어 환율이 빠르게 움직이고 있다며 급격한 변동에 대해서는 예의 주시하였다. 기본적으로 달러가 약세인 상황에서 엔화가 같은 방향으로 움직이면서 엔화 대비 원화 가치가 빠르게 절상되는 문제가 있지만 새로운 현상은 아니라고 보고 있다[세종=연합뉴스 박용주 기자, 2013.10.24].

이에 앞서 원·달러 환율이 장중 1,054.3원으로 연저점을 경신하자 당국은 공동명의의 구두 개입을 통해 최근 원·달러 환율의 일방적인 하락 움직임이 다소 과도하다는 것과 시장 내 쏠림현상이 심화하는 상황을 우려했다.

당국은 이러한 시장 동향을 예의주시하고 있으며 과도한 쏠림이 계속되면 이를 완화하기 위한 조처를 할 것이라고 덧붙였다. 통상 외환시장 구두 개입은 정부당국 단독 명의로 단행된다. 외환시장에서는 이날 외환당국이 구두 개입 직후 약 20억달러 상당의 달러 매수 개입을 단행했다는 추정이 나오고 있다. 원·달러 환율은 연저점 붕괴 직후 7원 이상 수직 상승해 달러당 1,061.0원에 이날 장을 마쳤다.

- 외환정책과 금리정책의 향방 교란

미국의 양적완화 축소 전망에 맞춰 출구전략을 준비했던 한국 경제가 '환율'과 '기준금리' 복병에 주춤거리고 있다. 출구전략 시행 시기를 앞두고 환율 변동성이 심화되고 있는 가운데 추가적인 경기 부양책이 고개 들고 기준금리 추가 인하 목소리가 나오고 있다. 미국 출구전략 시행 연기 전망으로 1050원대까지 떨어졌던 원·달러 환율은 불과 10여일 만에 20원 가까이 상승했다. 원·달러 환율은 이틀 연속 1070원 선에 머무르면서 당분간 등락할 것으로 보인다. 그 동안 외환당국은 급격한 환율하락에 대한 경계심을 갖고 직간접적인 개입에 나섰다. 환율이 하락할 경우 기업 채산성이 악화되고 장기적으로는 수출 중심의 우리 경제에 악영향을 줄 수 있다는 판단에서다. 그런데 불과 10여일 만에 상황이 뒤바뀌게 된 것이다[파이낸셜뉴스, 2013.11.12].

한국은행의 기준금리 결정에서도 변화가 감지되고 있다. 일단 경기가 완만하게 회복세를 보이고 있는데다가 미국, 유럽 등 대외 불확실성이 남아 있는 만큼 금리동결 혹은 추가적인 경기부양을 위해 기준금리 인하 목소리가 나오고 있다. 유럽중앙은행(ECB)은 최근 디플레이션 우려에 대응하기 위해 전격적으로 금리인하를 단행했다. ECB는 지난 7일 기준금리를 기존의 0.50%에서 0.25%로 하향조정했다.

최근 미국 경제지표가 호전되고, 양적완화 축소 우려가 커지면서 국내 외환시장에서 원화 값이 가파르게 하락했다. 외환시장 전문가들은 당분간 일시적으로 원화 값 약세가 지속되겠지만 하락폭은 제한적일 것으로 본다. 환율 충격을 막으려는 당국의 개입 의지가 반영된 데다 연말에 원유 수입이 늘면 경상수지 흑자가 줄어들면서 일시적으로 원저 현상이 나타날 것으로 보인다. 그러나 내년 초에는 다시 원화 강세로 돌아설 것이다.

최근 원저 현상은 이전에 가파르게 상승한 원화 값에 대한 조정과정이며 양적완화 축소는 오래된 이슈고 실행된다고 해도 국내 경제의 펀더멘털이 강하기 때문에 신흥국처럼 크게 영향을 받지 않을 것이다[매일경제, 2013.11.12].

- 기준금리 인하의 긍정적 실물 효과

한국은행은 2014년 8월 이후 4차례에 걸친 기준금리 인하가 올해 국내총생산(GDP) 성장률을 0.18%포인트 끌어올린 것으로 분석한다. 이는 기준금리 인하가 소비·투자에 미치는 효과가 약 4~6분기 후에, 물가에 미치는 효과는 약 7~8분기 후에 최대로 나타난다는 분석에 기반을 둔 추정치다[한국은행; 통화신용정책보고서/서울=연합뉴스/노재현 기자, 2015.11.3.].

기준금리는 작년 8월과 10월, 올해 3월과 6월 등 모두 4차례에 걸쳐 총 1%포인트 인하됐다. 이에 따라 지금은 사상 최저인 연 1.5%다.

작년 두 차례의 인하로 2014년 성장률은 0.03%포인트 올린 것으로 분석됐다. 올해 GDP 성장률은 지난해 기준금리 인하 효과로 0.12%포인트, 올해 두 차례의 인하 영향으로 0.06%포인트 각각 상승할 것으로 추정됐다.

한은은 기준금리 인하의 파급 효과가 금융시장부터 나타난 것으로 평가했다. 국고채(10년) 금리, 대출금리, 수신금리는 작년 8월에는 각각 3.1%, 4.2%, 2.4%였지만 올해 9월 현재 각각 2.1%, 3.5%, 1.5%까지 낮아졌다.

기준금리인하 → 시중금리하락 → 투자, 소비증가 → 내수회복 → GDP 증가한은은 기준금리 인하 효과가 금융시장에 이어 실물부문으로 확산되고 앞으로 내수 회복을 뒷받침하는 효과를 낼 것으로 전망했다.

그러나 기준금리 인하에 따른 실물경제의 개선 효과는 아직 뚜렷하지 않은 상황이라고 평가했다.

지난해 하반기 이후 기준금리 인하가 4차례 있었는데 그렇지 않았다면 실물경제 상황이 지금에 미치지 못했을 것으로 평가했다. 금리정책이 실물경제의 활성화효과는 극히 미미했다는 것이다. 오히려 부정적 효과가 크다고 본 것이다.

- 기준금리 인하의 부정적 효과

한국은행의 연 이은 기준금리 인하로 가계신용이 빠르게 늘어나면서 한국의 국내총생산(GDP) 대비 가계부채 비중이 73%, 처분가능소득 대비 가계부채 비율은 164%로 급증했다.

올해 2분기 명목 GDP 대비 가계신용 비율은 작년 2분기 70.2%에서 72.9%로 1년 새 2.7%포인트나 상승했다

특히 최근 1년간(2014년 10월~2015년 9월 기준) 은행의 가계대출 증가액은 월평균 6조3천억원으로 예년(2012년1월~2014년 8월

기준) 수준(1조8천억원)을 크게 넘어섰다.

가계 대출이 지난해 하반기 이후 주택담보대출을 중심으로 빠른 속도로 증가했다. 가계 빚의 급증세는 한은이 작년 8월 이후 0.25% 포인트씩 4차례에 걸쳐 기준금리를 사상 최저 수준인 연 1.5%로 내린 것이 주원인이다.

작년부터 기준금리 인하에 따른 민간신용 확대 규모는 작년 8월부터 올해 6월까지 201조원이다. 민간신용은 은행 등 금융기관이 가계나 기업에 대출한 돈을 가리킨다.

2001년부터 우리나라에서 진행된 금리 인하기를 4개 기간으로 나눠 비교해 보면 이번의 민간신용 증가 폭이 가장 크다.

종전에는 2008년 10월부터 2009년 2월까지 진행된 금리 인하기의 80조3천억원이 가장 많았다. 지난 1년간 가계 부채가 많이 늘어난 것으로 해석할 수 있다.

또 가계의 채무부담 능력을 보여주는 **처분가능소득 대비 가계부채 비율**은 지난해 기준으로 164%로 집계됐다. 2013년 프랑스(104%), 미국(114%), 일본(129%), 영국(154%) 등의 국가와 비교하면 우리나라의 가계부채 비율이 크게 높은 수준이다

한은은 가계 부채의 급속한 증가는 장기적으로 내수 진작 등 경제의 뇌관으로 작용할 수 있다고 보고 금융시스템 안정을 위해 가계 부채 상황을 면밀히 점검하겠다고 밝혔다. 가계나 기업에서 일정한 정도의 부실이 있더라도 금융기관의 충격 흡수력은 어느 정도 있다고 평가한다[한국은행; 통화신용정책보고서/서울=연합뉴스/노재현 기자, 2015.11.3.].

기준금리인하 → 가계신용급증 → GDP대비 가계부채비중 급증/명목 GDP대비 가계신용비율상승 → 처분가능소득대비 가계부채 비율(국제비교) 높음 → 경제 회복 제약 작용

- 과다한 정부 부채의 금융 불안

한국은 정부 핵심부채의 GDP 대비 비율이 작년 말 현재 38%로, 2007년 말에 비해 14%P 상승했다. 이 기간에 국고채 발행 잔액이 211조원 늘어난 것이 주요 요인이다.

한국의 정부 핵심 부채는 국고채가 대부분이고 예금으로는 국민주택기금 등이 있다. 대출은 회기 중에 한국은행에서 빌렸다가 연말이 되기 전에 갚기 때문에 양곡회계 외에는 거의 없다.주12)

주12) 핵심(Core) 부채란 채권 발행액, 예금으로 받은 금액, 대출받은 금액만 해당하는 것이다. 공사대금 등과 같이 주관적인 판단이 개입할 수 있는 기타 부채 항목이 배제돼 있어 국가별 비교 시 정확성이 높아진다.

금융위기 이후 신흥국들의 GDP 대비 부채 비율 상승폭은 평균 4%P에 불과했다. 말레이시아와 멕시코, 싱가포르는 13%P로 한국보다 조금 작았다. 인도와 인도네시아, 터키는 8%P 하락했다.

선진국의 GDP 대비 부채 비율은 평균 41%P 상승했다. 특히 스페인(74%P)과 일본(72%P), 영국(61%P)이 높은 편이었다. 미국도 39%P 상승했다.

- 과다한 기업 부채의 금융 불안

한국의 비금융 부문 기업 부채는 GDP 규모를 넘어섰다. GDP 대비 비율이 2007년 말에 91%였던 것이 작년 말 105%로 뛰었다.

한국의 기업 부채의 GDP 대비 비율은 신흥국 중에서 홍콩(217%)과 중국(157%) 다음으로 높았다. 신흥국 평균(94%)과 선진국 평균(81%) 보다도 높다.

선진국 중에 기업 부채비율이 100%가 넘는 곳은 스웨덴(165%), 프랑스(124%), 스페인(111%), 캐나다(104%), 유로존(103%) 등이었다.

금융위기 이후 한국의 이 비율 상승 폭은 신흥국 평균(35%P)보다 작았지만 선진국 평균(1%P) 보다는 컸다.

- 과도한 총부채의 금융 불안

가계와 기업, 국가 부채를 모두 합한 **총 부채의** GDP **대비 비율**로는 한국이 228%로 신흥국 중에서는 홍콩(287%), 싱가포르(242%), 중국(235%) 다음으로 높았다. 그러나 선진국과 비교하면 독일(191%)을 제외하고는 가장 낮았다.

금융위기 이후 총부채 상승폭은 한국이 40%P로, 신흥국에서는 역시 홍콩(103%P), 중국(82%P), 싱가포르(59%P) 다음으로 높았지만 선진국에서는 독일(10%P), 미국(21%P) 등 일부를 제외하고는 낮은 편이었다.

35. 한국 금융의 불안정

미국의 신용등급 강등과 유럽의 부채위기로 전 세계 증시가 패닉 상태에 빠지는 동안 한국 증시만 유독 많이 떨어졌다. 지난 6일 동안 한국은 다른 어떤 국가보다 주식과 원화 가치가 더 큰 폭으로 떨어졌다. 코스피지수는 9일 한 때 9.88%까지 급락하며 이 달 들어 22%가 폭락했다.

한국 주식은 외국인이 상당 부분을 보유하고 있다. 외국인이 주식을 팔아 안전통화인 달러와 엔화로 이동하면 주식은 급락하고 원화 가치도 추락하게 된다. 원화 가치는 한국 정부가 외환시장에 개입한 것으로 알려졌음에도 지난 5일 이후 달러 대비 3.6% 하락했다. 한국 금융시장은 이처럼 대외악재에 민감하다. 이는 다음과 같은 한국경제의 특이 체질 때문이다.

첫째, 한국 경제는 해외경제에 지나치게 의존하고 있다. 특히 미국경제에 지나치게 의존한다. 미국 경제가 둔화되면 한국산 자동차와 전자제품의 수출은 타격 받는다. 한국의 주요 수출품은 대부분 재벌그룹 계열사들이 주도한다. 지난해 수출은 국내총생산(GDP)의 51.6%였다.

둘째, 한국금융의 대외의존적인 특성이다. 한국의 은행들은 지금 유럽 부채위기로 어려움을 겪고 있는 유럽 은행들의 도매 금융에 지나치게 의존하고 있다. 이는 한국의 금융 시스템에 잠재적인 현금 경색을 낳을 수 있다. 도매금융은 순식간에 거대한 규모로 움직인다.

셋째, 국내 증시의 극심한 변동성은 높은 외국인 비중 때문이다. 대외 위기 때 마다 한국 증시가 가장 심하게 추락하는 것은 외국인의 자본 유출 탓이다. 한국 주식시장 시가총액의 약 3분의 1 가량이 외국인 소유다. 이런 외국인들의 자금이 금세 빠져나가면 증시가 심하게 출렁거린다. 여기에 심리적인 요인까지 가세하면 걷잡을 수 없이 나락에 빠져들기 쉽다. 여기에 한국 금융의 대응력까지 취약하다.

넷째, 주식 투자자들의 최악의 시나리오까지 가세했다. 올해 한국 국내총생산(GDP) 성장률이 3.5%에 그치고 주식시장 매도로 인해 상당한 하강 리스크도 존재한다고 진단한다. 미국과 유럽경제가 침체되는 최악의 상황이 도래하면 한국의 올해 GDP 성장률이 2.5%로 떨어질 것으로 전망한다.

다섯째, 한국 제조업체는 소수기업이 세계적인 경쟁력을 인정받고 있을 뿐이고, 한국 원화는 해외 투자자들에게 여전히 위험 통화로 인식되고 있다. 원화 약세가 좀 더 광범위한 글로벌 거시 리스크를 상쇄하는데 도움이 될지 모른다. 미국과 유럽의 경제가 약화되는 것은 한국 경제에 부정적이지만 유가 하락과 엔화 강세/원화 약세는 글로벌 경제 둔화의 타격을 완화시키며 V자형 반등할 수 있다 [머니투데이 권성희기자, 2011.8.9.].

여섯째, 한국경기는 해외수출경기에 상당히 의존하고 있다. 따라서 세계경제가 큰 위기에 빠지면 국내경기는 쉽게 흔들린다. 유로존 부채위기가 유럽 회원국들로 옮겨 붙었을 때 국제 금융시장에서 한국의 위험지표가 급등하였다.

한국의 신용위험이 높아지면서 외국인 자금이 국내 금융시장에서 대거 이탈해 주가가 급락하고 원·달러 환율이 치솟는 등 공포 장세가 재연되었다.

세계 각국의 위험 신호들은 제일 먼저 뉴욕시장에서 나타난다. 2011년 11월 25일, **한국의 신용부도스와프**주13)(CDS) **프리미엄은**

1.77%로 **한 달도 안 돼** 40% **가까이 폭등했다**. 10월 28일 1.27%까지 내려가며 안정을 찾는 듯 보였으나 다시 뛰어올랐다.

정부가 환율 안정을 위해 발행하는 **외국환평형기금채권**(2014**년** 4**월 만기) 가산금리**도 1.75%로 지난달 말보다 0.13%포인트 올랐다. 7대 **시중은행의 평균 신용부도스와프 프리미엄**은 2.30%로 올라갔다. 최근 은행들은 올해 4분기 대손준비금을 대폭 확충해야 할 것으로 보인다. 1조3000억~1조8000억 원가량 대손준비금의 추가 증대를 예상한다.

이에 따라 연말 기준 은행권의 대손충당금과 대손준비금은 모두 약 33조원에 이르러, 3월 말보다 26.0% 증가할 것으로 예상된다. 대손충당금은 대출 채권이 손실이 날 경우에 대비해 일정 비율을 비축해두는 것이고, 대손준비금은 올해 국제회계기준(IFRS) 도입에 따라 대손충당금을 보완하기 위해 새로 만들어진 적립 항목이다.

한국 정부와 은행들의 신용위험이 높아지면서 외국인의 주식 매도세가 거세진다. 외국인들은 연속 국내 주식을 내다 판다. 2011년 11월 들어 외국인은 3조6천억 원 가량 순매도했다. 이로써 외국인

주13) 신용부도스와프는 국가나 기업이 부도가 났을 때 발행한 채권의 손실을 보상해주는 파생상품으로, 이 수치가 높아지면 신인도가 떨어져 외화자금을 조달할 때 비용이 늘게 된다.

의 올해 주식 순매도액은 10조원을 넘어섰다. 이런 추세라면 외국인의 순매도 규모는 월간 단위로 지난 8월에 이어 두 번째, 연간으로는 금융위기가 몰아쳤던 2007~2008년 다음으로 많을 것이다.

외국인은 채권시장에서도 이달 들어 1480억원 순매도로 돌아섰다. 외국인 자금이 빠져나가면서 원·달러 환율은 1160원 선으로 급등했고 코스피는 1800선으로 급락했다. 앞으로 유럽불안이 계속되면 환율이 높이 오르고 코스피는 급락할 수 있다.

일곱째, 한국경제는 무역의존도와 순외채(총외채-대외채권) 비중이 높아 신용지표와 금융시장이 대외변수에 취약하다. 특히 단기외채가 많아 세계 금융시장이 불안해질 때마다 환율이 민감하게 반응한다.

2008년 **글로벌 금융위기 이후 원·달러 환율의 변동성은** 22.1%**로 세계 주요 통화의 평균 변동성**(13.6%)**을 크게 상회했다**. 최근 유럽발 재정위기 국면에선 유로화보다 등락 폭이 컸다.

코스피의 변동성도 역시 지난 8~9월 아시아권에서 가장 높았다. 당장 필요한 단기처방으로는 외환보유액 대비 49.2%에 이르는 단기외채를 축소하고 외국인 자금의 과도한 유·출입을 막을 장치를 준비하는 수밖에 없다[국제금융센터/한겨레, 2011.11.27].

36. 환율 급변동 발 금융 불안

- 환율 변동 발 금융 불안

2007년 **우리나라가 순채무국으로 전락했던 것은 외환보유액 감소가 결정적인 영향을 미쳤다**. 대외채권의 60%가량을 차지하는 외환보유액이 2008년 외환당국의 외환시장 개입 등으로 급감했기 때문이다.

유동외채 비율이 높아지고, 순채무국이 됐다고 해서 당장 우리나라의 대외 신인도가 타격을 입는 것은 아니지만 최근 불안정한 내외 금융시장이 심화되면 외화자금난을 유발하고 시장불신을 부추겨 환율 폭등으로 이어지는 것이다.

한은은 유동외채 중에 실제 채무라고 보기 어렵다고 말한다. 1년 안에 만기가 돌아오는 선물환 관련 환 헤지 용 해외차입액 390억달러를 제외하면 실제 유동외채 비율은 77% 수준이라고 밝힌다.

우리나라의 외환보유액은 최근 국제통화기금(IMF)의 기준으로 산출하면 적정한 규모로 평가한다. 외환보유액은 1997년 외환위기 당시 200억 달러 수준에서 2011년 4월 말 현재 3072억 달러까지 늘었다. IMF는 외환보유액 적정성 평가 기준을 신흥국과 저소득국, 선진국 등 3개 그룹별로 특성에 맞게 마련했다.

한국이 속한 신흥국은 국제수지에 영향을 줄 수 있는 수출, 단기외채, 외국인 증권투자, 광의통화(M2) 등 4개 지표가 고려된다. 이를 토대로 정부가 산출한 결과를 보면 우리나라의 외환보유액 규모는 적정 수준에 속하였다.

대외차입이 2008년 4·4분기 450억2000만 달러 줄면서 유동 외채 비율의 상승세도 한 풀 꺾였다. 단기외채 비중도 39.7%로 2007년 말(41.8%)보다 2.1%포인트 하락했고, 영국(75.1%)·홍콩(75.3%)·일본(61.5%) 등에 비해서도 낮은 수준이다.

그러나 2008년 단기외채가 줄어든 것은 글로벌 신용경색으로 국내 금융기관들의 해외 차입이 어려워진 요인이었으며 경제호전에 기인한 것 아니었다. 2008년 말 외국인 투자액은 6013억2000만 달러로 전년 말보다 2250억1000만 달러로 감소, 2001년 통계 작성 이후 처음 줄어들었다.

특히 2008년 4·4분기에는 959억7000만 달러가 대량 유출됐다. 미국 투자은행 리먼 브라더스 파산 이후 선진국 투자자들이 국내 주식과 채권을 집중적으로 매도했기 때문이다[기획재정부/한국은행, 동아일보, 2011.5.7].

- 해외쇼크 발 금융 불안

원·달러 환율은 해외쇼크에 심하게 요동치고 국내증시는 예민하게 움직이며 외국자본의 유출과 유입이 극심하다. 2000-2003**년 미국채 발행이 급증하면서 달러가치는 추락하였다가 다시** 2006**년부터 미 국채 발행이 급속히 늘어나면서 달러가치가 급락하였다.** 달러가치가 일시적으로 강세를 보였던 시기는 2008년 9월 리먼브러더스 파산 이후 미국 및 세계 금융시장의 신용경색이 급격히 심화되면서 안전저산 선호로 달러수요가 집중됐기 때문이었다.

세계적인 신용경색으로 미국 자체의 문제가 간과된 채 강세가 유지된 것이다. 2009년 외환시장은 첫 거래를 1321.0원으로 시작한 원·달러 환율은 2009년 3월 3일에는 1552.4원까지 올랐다. 두 달 만에 무려 230원이 넘게 상승했다.

이 같은 환율 상승도 당국의 개입이 없었다면 1600원선의 천정이 뚫렸을 지도 모른다. 이날 환율은 한 때 1594원까지 치솟았으나 정부개입으로 진정됐다. 환율이 단기에 급등하면 실물 경제는 적응할 틈도 없이 격심한 쇼크를 받는다.

(1) 국내외 상황이 초긴장 상태에 있을 때 유독 한국 원화가치만 폭락하는 것 자체가 외국인의 한국 신뢰를 떨어뜨린다. 환율의 안정적인 움직임과 은행 시스템의 건전성 측면에서 한국은 모두 불안하였다. 이 불안은 한국경제의 뿌리 깊은 왜곡에 있다.

(2) 해외쇼크와 국내경제의 취약성이 외국인의 대량 이탈과 유입이 주식 · 채권 등 증권시장 전반에 불안감을 높인다. 높은 불안은 주식시장의 매력을 급속히 떨뜨려 투자자금 유입을 급격히 감소시킨다. 시장 악화는 기업의 자금조달 창구가 경색된다. 은행의 대출창구를 꽉 막힌 상황에서 제2금융권을 통한 자금조달마저 끊기면 생산업체는 어려운 상태에 처한다. 이는 곧 실물경기 추가하락을 가속화시킬 수 있다.

(3) 일시에 급속히 환율이 상승하면 수입물가의 상승을 크게 자극한다. 달러가치가 상하고 원화가치가 떨어지면 수입재 가격들이 상승하면서 국내가격들이 오르기 때문에 내수 구매력을 떨어뜨리고 가계 경제를 붕괴시킨다. 2009년 초 소비자물가는 환율 상승이 수입가격을 높여 다시 상승했다. 경기가 침체되면 일반적으로 물가가 떨어지거나 안정되는데 우리는 그 정반대로 가는 실정이었다.

(4) 환율 상승은 수출기업의 가격경쟁력을 높인다. 온 나라가 위기에 빠진 상황에서 한국물건을 사줄 선진시장의 구매력이 급격히 감소하는 경우에는 환율 상승이 별다른 효과를 보지 못했다.

– 엔화 가치 급락 발 금융 불안

엔화 가치가 급격히 떨어지면서 한국과 일본의 빅 맥 가격이 4년 만에 역전됐다. 일본 도쿄 외환시장에서 엔·달러 환율은 달러당 98.78엔까지 올랐다. 엔저 흐름이 본격적으로 시작된 2012년 11월 초와 비교해 달러당 20엔 높은 수준이다.

엔·달러 환율이 계속 오르는 흐름을 타면서 한일 두 나라의 빅맥 지수는 반대 흐름을 보이고 있다. 빅맥지수는 맥도널드 햄버거 값을 비교해 국가별 물가 및 환율 수준을 가늠하는 지표다.

한국의 빅맥 가격은 현재 단품 기준 3천900원이다. 여기에 현재 원·달러 환율(달러당 1천120.65원)을 적용하면 3.48달러가 된다. 일본의 빅맥 가격은 지역별 차이가 있다. 가장 비싼 도쿄도 등 일부 지역의 매장에선 빅맥을 개당 340엔에 팔고 있고 이를 달러로 환산하면 3.44달러다.

한국 빅맥 가격이 일본보다 0.04달러(한화 45원) 가량 비싼 셈이다. 이렇게 한국의 빅맥 가격이 일본보다 비싸진 것은 4년여 만에 처음 있는 일이다. 한국의 빅맥 가격은 2002년부터 2008년까지는 일본보다 높았지만 2009년 이후로는 일본보다 낮은 수준을 유지해 왔다.

한국의 2008년 빅맥 가격은 3.14달러로 일본(2.62달러)보다 0.52달러 비쌌지만 2009년에는 한국 2.59달러, 일본 3.46달러로 역전됐다. 2012년 초에는 한국 3.19달러, 일본 4.16달러로 격차가 거의 1달러에 근접하기도 했다.

2008년 세계 금융위기 이후 안전자산 선호현상이 나타나면서 엔화 강세가 지속된 탓이다. 지난 이명박 정부의 '고환율 정책'도 어느 정도 영향을 미친 것으로 보인다. 같은 물건을 구입할 경우 한국에서 사는 것이 일본에서 구입하는 것보다 싸다는 얘기가 된다. 하지만, 2012년 말부터 엔저 흐름이 본격화하면서 두 나라의 입장이 바뀌었다.

미국 빅맥 가격(4.37달러)에 비춰보면 현재 원화는 달러 대비 25.6% 저평가된 것으로 나타난다. 엔화의 저평가 수준인 27.0%보다 1.4%포인트 낮다. 지난 4년간 같은 방식으로 추산된 엔화 가치가 달러화 대비 -0.2~5.9% 저평가되는 데 그친 반면 원화는 16.3~37.8%까지 저평가됐던 것과는 대조적인 상황이다.

경제 전반으로 범위를 넓혀 보면 한국의 대일 수출 가격경쟁력이 악화될 수 있다는 의미가 된다. 이러한 현상은 당분간 지속될 전망이다. 일본의 경기상황과 정부의 유동성 확대정책을 고려할 때 기조적인 엔화 약세가 전망되기 때문이다.

엔·달러 환율은 금년 105엔, 내년 120엔으로 상승할 것으로 내다보고 있다. 앞서 일본은행(BOJ)은 2년 내에 소비자물가 목표치 2%를 달성하기 위해 국채 등 채권매입 규모를 기존의 두 배인 매월 7조엔으로 늘리는 등 대규모 양적 완화책을 발표했다[서울=연합뉴스, 황철환 기자, 2013.4.23.].

엔화 가치의 급등락은 국내 금융시장을 끊임없이 교란하며 불안정을 유발할 수 있다.

37. 외환위기와 글로벌 금융위기에 한국경제는 크게 휘둘렸다.

1998년 외환위기와 2008년 글로벌 금융위기는 한국경제를 크게 휘둘렸다. 달러가 급속히 빠져나가면서 외화자금시장에서는 달러 구하기가 힘들었고 그 비용은 하늘 높은 줄 모르고 치솟았다. 환율도 폭등했다. 하지만 지금은 2008년에 비하면 외채구조나 외화유동성은 상당히 개선됐다.

지난 3월말 기준 총외채에서 단기외채가 차지하는 비중은 38.4%로 리먼사태가 터졌던 2008년 9월말 51.9%에 비해 감소했다[이데일리, 2011.8.22]. 또 대외채권이 대외채무보다 많은 순채권국으로 순대외채권 규모도 2008년 9월말 306억 달러보다 두 배 이상 많은 841억 달러다. 은행들의 외화유동성 비율도 2008년 8월 101.7%에서 올해 6월말 111.1%로 늘었다.

리먼 사태 때 2000억 달러 초반이었던 외환보유액은 3110억 달러로 늘었다. 가장 중요한 건 지금 유럽 재정위기와 미국의 소버린 쇼크가 한국경제에 장기적으로 영향을 미칠 수 있다는 점이다.

금리, 환율 등 거시변수들의 변동성이 커지고 불안이 지속될 수 있다. 따라서 대외 충격을 완화할 수 있는 금융안정화 방안을 마련해야 한다. 금융위기 가능성에 대비해 우리나라는 이미 2010년 선물환 포지션 한도 규제, 외국인 채권 이자 비과세 환원, 외환 건전성 부담금 부과 등의 규제를 도입했다. 이 제도가 잘 활용되어야 한다.

한국의 재정건전성은 IMF통계 기준으로 아직은 낮은 편이다. 한국의 국내총생산 대비 국가채무비율은 33.5%로 OECD평균 96.9%에 비해 낮다. 그러나 한국경제를 비교국가들과 재정건전성만을 비교하면 곤란하다.

한국 원화는 국제적으로 이용 가능한 통화가 아니며 외화벌이도 선진국만큼 탄탄한 수출경쟁력을 갖고 있는 것도 아니다. 오히려 해외경기에 지나치게 의존한 수출경제와 지나치게 편중된 대기업 의존이다. 여기에 남북대치와 정치적 대립, 부실한 정책 대응 등이 복합적으로 작용해 불안을 키우고 있다.

38. 2008년 금융위기는 서브프라임 모기지 부실에서 촉발됐다.

정부가 빠르게 금리를 내리고 재정을 풀면서 위기 극복에 나섰다. 그 과정에서 정부의 부채가 늘었고 결국 민간부채는 정부부채로 옮겨갔다. 재정위기는 진작 예고됐던 것이다. 미국의 국내총생산(GDP) 대비 정부부채 비율은 2007년 62%에서 2010년 89.4%로 늘었다.

2011년 들어 7월까지 미국정부의 재정적자 규모는 1조1000억달러로 지난해에 비해서는 다소 줄었지만 벌써 3년째 1조 달러를 웃돌고 있다. 유럽 국가들조차도 정부부채 비율이 80%를 넘는데다 재정수지는 모두 적자다.

그리스, 이탈리아, 스페인은 재정위기에 있다. 실물경제도 불안하다. 미국은 올해 1분기 경제성장률이 2분기 연속 연 2%를 밑돌 경우 1년 내에 경기침체에 빠질 가능성을 높이 치고 있다. 더블딥 우려되는 상황이다. 하지만 현재로서는 새로운 위기이기보다는 쇼크 수준으로 보는 이들이 많다.

금융시장이 너무 과민하게 반응하고 있다고 본다. 실제 1998년 아시아 외환위기 이후에도 세계경제가 위험했던 시기는 몇 차례 있었다. 2000년대 초반 IT 버블 붕괴, 2001년 9.11사태, 2004년 차이나 쇼크(중국 초강력 긴축), 2005년 버냉키 쇼크(금리인상 시사) 때에도 주가가 급락하면서 패닉 양상을 보였다.

이런 상황들은 위기라기보다 쇼크로 본다. 현재 상황은 과거 외환위기와 금융위기 수준의 위기라기보다는 아직 쇼크 수준으로 평가한다. 자금시장이 악화되고 있지만 리만 사태에 비하면 아직 멀었다고 평가한다.

자금조달 압박 정도도 리만 때와 비교하면 57% 수준 밖에 안 된다고 본다. 2011년 전세계 경제성장률 전망치를 기존 4.2%에서 3.9%로 하향조정했다. 한국 전망치도 4.5%에서 3.8%로 낮췄다.

미국 성장률 전망치를 2.3%에서 1.7%로 낮췄고 국내 성장률도 4.3%에서 4.2%로 하향조정했다. 재정위기는 특성상 오랫동안 지속된다. 현재 유럽의 재정위기가 실제 향후에 실물경기 침체로 이어질 가능성이 높고 그 와중에 금융위기가 발생할 수 있다[이데일리, 2011. 8.22].

39. 한국경제는 외풍에 크게 흔들렸다.

- 주가폭락, 금값 폭등 - 세계금융시장충격 - 국내경제동요, 금융 불안 고조

한국경제는 2008~2009년 외풍에 크게 흔들렸다. 미국과 유럽의 주가가 폭락하고 금값이 치솟았으며 불안지수도 상승하는 등 전 세계 금융시장이 충격에 휘청거렸다.

미국에선 열악한 경기지표가 연일 쏟아져 나왔고 미 자동차 업체의 앞날은 한 치 앞을 내다볼 수 없었다. 동유럽 금융위기를 우려하는 경고등이 켜지는 등 금융시장이 온통 지뢰밭이었다.

2009년 2월 17일 다우존스지수는 전 주말보다 297.81포인트(3.79%)나 급락한 7,552.60으로 마감, 작년 11월20일(7,552.29) 이후 약 3개월 만에 최저치를 기록했다. 이날 주가는 제조업 경기가 사상 최악으로 악화됐다는 소식에 급락했다.

유럽에서도 동유럽 금융위기에 대한 경고가 나오면서 주가가 급락했다. 영국 FTSE 100 지수는 2.43% 하락, 간신히 4,000선을 지켰다. 프랑스 CAC은 2.94% 떨어진 2,875.23, 독일 DAX는 3.44% 떨어진 4,216.60에 각각 거래를 마쳤다. 이처럼 주가가 급락하면서 증시의 불안 지표인 VIX 지수가 약 1개월 만에 처음으로 다시 50선을 넘어섰다.

금융 불안으로 안전 심리가 확산되면서 금값은 7개월 만에 온스당 1천 달러 선에 다가섰고 미 국채 수익률도 2.64%로 급락(가격상승)했다. 동유럽 발 불안심리가 확산되자 유가는 34.93달러(인도분 WTI)로, 유로는 1.26달러 밑으로 급격히 하락했다.

달러화는 한때 92.75엔으로 올라 지난 1월 8일 이후 최고치에 올랐다. 국제적으로 2차 금융위기가 고조된 가운데 대내적으로 북한 미사일 위협과 외국인의 주식시장 이탈, 우리은행 콜 옵션 불이행 등의 이슈가 겹치면서 엿새 만에 70원 넘게 오르는 급 변동을 재현했다[이데일리, 2009.2.17.].

환율 급등락에 경제가 크게 동요됐다. 외환당국은 시장 움직임을 주시할 뿐 공격적인 행동에 나서지 못했다. 금융위기와 외환시장 불안감이 당국의 한 두 차례 개입에도 불구 시장불안을 잠재울 수 없는데다 적극적인 달러매도 개입에 나서기도 부담 때문이다.

2008년 7~8월 외환시장 개입이 별 성과 없이 외환보유고만 축낸 경험이 주저케 하였다. 정부는 달러-원 환율이 다시 1500원선에 다가서자, 당국은 환율 고민에 빠졌다. 정부당국의 스탠스는 공격적 개입에서 외환보유고를 아끼며 장기전에 돌입한 듯한 인상이다.

MB정부 출범초기인 2008년 3월 2642억 달러에 달하던 외환보유액은 10월말 2122억 달러로 급감했다. 한국은행 외화자금의 시중공급에 300억 달러 안팎의 보유고가 환율을 잡는데 투하됐지만 환율 안정은 실패로 끝났다. 2008년 초 900원대 초반이던 환율은 작년 10월처럼 지금 1500원을 위협했다[2009.2.17.].

1기 강만수 경제팀의 실패를 잘 알고 있는 2기 윤증헌 경제팀은 신중할 수밖에 없었다. 실탄을 아낀다는 외환당국의 스탠스는 2기 경제팀에도 크게 달라지지 않았다. 당국은 시장기능을 최대한 존중하지만 투기세력 개입이나 극심한 쏠림 현상에는 스무딩 오퍼레이션(smoothing operation)으로 대처할 것이다.

우리 경제 펀더멘탈과 시장수급을 제대로 반영해 움직이도록 하되, 지나친 쏠림으로 환율이 급변동할 경우 미세조정에 나선다는 것이다. 정부는 환율 자체 보다는 수출입금융과 외화자금시장 여건을 개선해 외화 유동성 공급에 차질이 없도록 하는데 주력했다. 외환보유고도 지금 적극적 활용 보다는 보유액 확충에 더 신경을 썼다.

그러나 환율이 1500원선에 다가서자 당국의 고민이 컸다. 환율 방어선은 있을 수 없고, 시장의 오판을 방지하고 급변동시 충격을 줄이겠다는 것이 외환당국의 공식 입장이지만, 1500원 대는 당국을 바짝 긴장시키는 수준이다.

당국은 지금 환율 변동성은 커졌지만 외화유동성 문제로 가지 않을 것이라고 강조하며 시장을 안심시키는데 주력했다. 2009년 경상수지가 130억 달러에 이를 것이고 산업은행과 수출입은행 등의 해외차입이 재개됐으며 2000억 달러가 넘는 외환을 보유하고 있다는 강조가 정부수단의 전부였다.

2009년 2월 20일의 경우, 금융시장이 또 다시 공황 양상을 띠었다. 원 달러 환율은 결국 1500원선을 넘었고 코스피 지수는 1060선으로 폭락했다. 동유럽 발 금융위기설 속에 미국증시가 7,500선이 무너지면서 국내 금융시장이 직격탄을 맞았다. 여기에 가시지 않은 3월 위기설과 대북 긴장감 증폭 등 국내 변수도 시장 불안을 키웠다. 여러 대내외 악재가 함께 덮치면 앞으로도 시장동요는 계속될 것이다.

원·달러 환율과 원·엔 환율이 폭등하고 국내증시도 국내외 악재와 환율 급등으로 연일 폭락했다. 동유럽 발 금융위기 가능성 등 불안요인이 여전해 국내 시장이 당분간 살얼음판 장세로 보고 있다.

국외 변수에 다시 민감하게 반응하면서 국내시장 전반이 흔들릴 가능성이 높다[노컷뉴스, 2009.2.20.].

- 대국의 환율 전쟁에 한국경제는 자주 골탕 먹는다

2007년 미국은 달러 약세를 유도하였다. 약한 달러가 막대한 무역적자의 해소와 소비 회복에도 도움을 주기 때문이다. 그러나 위안화 약세를 유지하는 중국의 태도 때문에 효과가 반감되고 있다. 대 중국 무역적자의 확대와 이로 인해 발생하는 일자리 상실과 경제회복의 지연은 40%나 저평가된 위안 화 가치에 있다고 본 미국은 위안 화 절상 압력에 적극적인 공세다[매일경제, 2007.6.16.].

중국의 대미 무역적자; 1995년 338억 달러, 2000년 837억 달러, 2003년 1240억 달러, 2006년 2325억 달러[자료: 미국무역위원회(US ITC), 중앙일보, 2007.6.16.]. 그러나 미국은 엔화 약세에는 눈을 감고 있다. 미국의 경상수지 적자를 자본수시 흑자로 매우려면 앤 캐리 트레이드 자금이 절실하기 때문이다[중앙일보, 2007.7.3.].

2007년 6월 들어서 실질적인 엔화 가치는 1985년 9월 플라자합의 이전 수준까지 떨어졌다. 1973년 3월을 100기준으로 엔화의 실질실효환율은 85년 9월 94.8, 95년 4월 160 초과(달러 당 80엔 돌파), 2007년 6월 93.4에 도달한 것이다. 기준 100 이상은 엔화 강세를 의

미하고 100이하이면 약세를 의미하므로 엔화는 최근 약세 기조를 걷고 있는 것이다[매일경제, 2007.7.5.].

유럽은 엔저 등살에 지쳐 유럽을 압박하지만 일본은 시장의 힘을 내 세우며 여유롭게 방어 전략을 펴고 있다. 일본은 2000년대 초와 달리 2004년 이후 외환시장에 전혀 개입하지 않는 체 수수방관자적인 자세로 일관하고 있다. 엔 환율이 좀 더 떨어져도 문제될 것이 없다는 입장이다.

이 같은 태도는 일본 기업과 경제가 문제없이 잘 나가고 있기 때문이다. 일본 가계들이 최근 외국 주식투자에 쏟아 부어도 엔화 약세 기조가 쉽게 무너지지 않을 것이란 자신감이 깔려 있다. 정책 당국이 금리를 올려도 계속 크게 인상하지 않는 한 소비자물가가 안정돼 있어 내외금리 차이는 여전히 유지될 것이고 그 에 따른 엔 캐리 트레이드는 국제금융시장을 여전히 떠돌아다닐 것으로 보고 있다.

주변국들은 저마다 자국 통화가치 하락을 유도하거나 절상 압력을 완화하는 정책을 구사하였다. 하지만 한국 원화는 강대국 통화 세력 다툼에서 나 홀로 강세를 보이고 있다. 한국은 2007년 경상수지 적자에 빠져 있으면서도 해외차입이 계속 늘고 원화가치는 계속 절상되었다. 여기에 외국인 주식투자 자금까지 수시로 들락거리면서 주가가 큰 폭으로 상승할 때 마다 원화 가치가 상승하는 빈도가 잦아졌다.

원·엔 환율 하락은 우리 기업의 대일 수출을 어렵게 하고 대일 수입은 증가시켜 대일 무역 적자 확대를 키운다. 제3국 시장에서의 대일 가격경쟁력이 약화된다. 원·엔 환율 하락은 국내기업의 엔화 대출을 늘리는 요인이 되고 이는 환율 변동에 따른 기업의 부채 리스크를 증폭시킨다[매일경제, 2007.7.5.].

2009년 3월 중순 이후 미국 금융시장 불안이 다소 진정기미를 보였지만 미FRB의 국채매입 소식은 다시 달러 약세를 유발했다. 미 연준의 큰 폭의 금리 인하와 연방정부의 적극적인 금융 지원에도 불구하고 신용경색이 풀리지 않았다. 미 금융당국은 금융회사를 통한 간접지원을 넘어서 국채매입 등으로 직접 금융시장에 뛰어든 것이다. 이 같은 미국의 공격적인 정책 선회로 한국의 주가도 며칠 사이 계속 오르고 월-달러 환율도 한 달여 만에 1300원대로 하락하였다[중앙일보, 2009.3.20.].

2009년 들어서 선진국 대형 금융기관들이 위험에 들었을 때 국내 외환시장은 곧바로 달러 유동성 위기에 빠졌다. 씨티그룹과 HSBC 등 글로벌 금융회사의 부실이 불거지면서 다시 외화공급이 어려질 가능성이 높아졌다. 정부는 정책자금의 만기 연장 방안, 은행권 단기 외화차입금의 장기차입 전환 유도, 한미 통화 스와프 계약 기간 연장 등에 힘을 기울였지만 국제 금융시장의 불확실성이 증폭되면 외화 유동성 악화를 피해갈 수 없다. 또한 이를 방어할 힘이나 강력한 수단이 없다는데 문제의 심각성이 있다[매일경제, 2009.1.18.].

한국은 2009년 3월초 거침없이 치솟는 환율 상승 앞에 갈피를 잡지 못했다. 강하게 시장에 개입해 외환보유고를 소진할 수 없다. 그렇다고 환율 고공행진을 넋 놓고 바라보는 것도 곤란하다. 시장은 불안하기만 했다. 다양한 시장안정책을 내놓았지만 모두가 허사로 끝났다. 외환시장에 직접 개입해 보기도 했고 외국인에 대한 비과세 정책을 내놓기도 했으며 외신의 잇따른 부정적 기사에도 신속히 대응도 해 보았지만 시장은 냉담하기만 했다.

오히려 악재만 키울 뿐이었다. 외국인의 반응은 차가웠다. 정부는 시장의 신뢰를 잃었다. 해외 언론도 의심스런 눈초리로 바라보았다. 씨가 먹히는 정책대안을 내 놓지 못했다. 금융정보를 다 움켜쥐고 있는 정부당국자나 한국은행도 뾰족한 처방을 내 놓지 못했다. 처방은 기다리는 게 최선의 해법이었다. 결국 속수무책으로 방관하는 처지에 빠졌다. 외환 당국은 환율 안정을 위해 동원할 수 있는 수단은 다 섰다. 한국은행은 통화스왑 만기를 6개월 연장하는 데 성공했다.

정부는 달러화 외국환평형기금채권(외평채)을 발행하고 외국인의 국내시장 이자소득에 대해 비과세한다는 내용의 외화 유입 대책을 발표했다. 국내 외화유입 경로를 확대하고 외국인의 투자매력도를 높여 환시장 안정을 꾀했다. 일단 통화스왑 연장으로 외환보유고 운용 부담의 경감과 시장의 심리에 조금 기여했다. 하지만 외환시장은 불안했다.

외국인은 여전히 불안한 시선으로 한국을 바라보았다. 환율의 급등락 불안 장세는 단순히 외환보유고 자체에 대한 우려보다는 한국경제 전반에 대한 불신이 더 컸다.

한국경제는 주가의 급등락 때마다 환율이 크게 출렁거린다. 2011**년** 8**월 글로벌 금융 불안으로** 19**일 코스피지수는** 115.7**포인트** (6.22%) **빠졌다. 하루 동안 시가총액** 64**조원이 날아가면서 약 1년 만에 유가증권시장 시가총액은** 1000**조원 밑으로 떨어졌다.**

뉴욕 다우지수는 지난 18일 5.22% 급락해 1만1000선 밑으로 내려앉았고 19일에도 1.57% 떨어졌다. 유럽 주요 증시는 지난 주말 일제히 2% 안팎의 급락세를 나타내면서 2년 최저 수준으로 떨어졌다. 엔화는 사상 최고치를 갈아 치웠다. 달러-원 환율은 1080원대 훌쩍 뛰어올랐다[이데일리, 2011.8.22]. 일반적으로 금리 인상은 주가에 나쁜 영향을 미친다.

금리 인상은 채권의 매력을 높이므로 주식시장으로 이동하는 자금이 줄어들지만 최근 주식시장 여건(풍부한 유동성, 경제회복 기대감, 국가신용등급 상향 조정 소식 등)이 좋아 금리 인상이 주가에 미치는 영향은 미미할 것으로 보인다.

2011년 금값이 NYMEX에서 온스 당 1594.8달러에 거래를 마쳤다. 지난주 종가보다 45달러(2.7%) 떨어졌다. 금값이 온스 당 1600달러 아래로 내려간 것은 7월 21일 이후 처음이다. 세계 증시가 휘청대던 지난달 중순, 금은 온스 당 1900달러를 돌파하며 2000달러를 눈앞에 뒀다.

이달 초까지 두 달간 금값은 30% 정도 올랐다. 하지만 최근 4일 동안 12%나 급락했다. 금값이 큰 폭으로 떨어진 것은 우울한 경기 전망에 투자 심리가 위축된 탓이다. 현금 선호 성향이 뚜렷해진 것도 이유다. 흔들리는 것은 금만이 아니다.

새로운 안전자산으로 부각됐던 신흥국 통화표시 채권에서도 자금이 빠져나가고 있다. 달러 대비 통화 가치가 급락하자 신흥국 통화를 보는 눈이 달라진 것이다. 재정위기에 시달리는 선진국에 비해 신흥국의 국내총생산(GDP) 대비 부채 비율이 상대적으로 낮았던 데다 이들 국가의 통화 강세로 환차익까지 거둘 수 있어 그동안 신흥국 통화 표시 채권은 새로운 안전자산으로 인기를 끌었다. 하지만 통화 가치가 가파르게 떨어지며 환차익이 줄자 이제 투자자들이 떠나고 있다.

최근 한 달간 한국을 비롯해 브라질, 러시아, 인도, 인도네시아 등의 통화 가치가 급락했다. 그 결과 신흥국 통화로 표시된 채권의 총 자산에서 환차익이 차지하는 비중도 큰 폭으로 줄었다. 아시아 채권 펀드(일본 제외)와 유럽 · 중동 · 아프리카 채권 펀드의 환차익 비중이 모두 5.96%씩 감소했다. 신흥국 통화가치가 올라 챙긴 환차익이 급감한 것이다. 국내 채권시장에서 규모는 줄고 있지만 외국인 매수세는 이어지고 있다. 외국인의 채권 보유 잔액은 26일 85조 1049억원으로 지난달 말에 비해 4306억원 늘었다[중앙일보, 2011.9.28].

- 국내 외환시장은 취약하다

한국경제는 나라 빚은 늘고 달러 곳간이 빠른 속도로 비어가면 외풍에 쉽게 흔들리는 냄비 경제다. 해외수출 경제에 높이 의존하는 국내 시장경제, 한국경제를 주름잡는 대기업 의존 경제구조, 내수 부족과 외수 위축에 허덕이는 중병, 허약한 중소기업의 흔들림에 예민하게 반응하는 경제 등의 문제점을 갖고 있는 파행적인 경제구조다[한국은행, 2008년 국제투자대조표, 2009.2.20. 발표].

2008년 말 외환보유액의 안정성 지표인 유동외채 비율이 96.4%로

1년 전에 비해 18.6%포인트 급등했다. 유동외채 비율이란 1년 안에 만기가 돌아오는 대외채무를 외환보유액으로 나눈 것으로 이 비율이 100% 미만이어야 외환보유액이 안정적인 수준으로 판단된다.

한국 수출품의 해외가격 경쟁력은 환율 변동에 대해 매우 민감하다. 환율의 하락으로 원화의 대외가치가 절상되면 한국 기업의 채산성은 대만과 일본에 비해 크게 악화된다. 1981～97년 10%절상될 때 한국 제조업의 영업 이익률은 7% 줄어들고 수출기업의 영업이익률은 16% 감소하였다.

그에 반해 일본과 대만은 제조업의 영업이익률이 각각 2%, 5%에 불과한 것으로 나타났다. 한국의 수출기업이 환율변동에 대해 민감하게 변화하는 원인으로는 다음과 같은 요인을 들고 있다.

첫째, 국내 제조기업의 기술경쟁력이 떨어져 환율 하락을 기술로 흡수하여 단가를 낮추지 못하고 있다. 둘째, 국내 수출기업은 수입대체가 어려운 원자재, 자본재 비중이 높은 수출품을 생산하고 있다. 특히 고부가가치 제품을 생산하는 업체일수록 고도의 기술이 요구되는 해외 부품에 의존하는 정도가 높다. 이것은 환율 변동에 따른 국산품 대체를 통한 제조원가 절감이나 제조원가 상승부담을 완화하기 어려운 구조적인 요인을 안고 있다.

한국 정부는 필요에 따라 수시로 외환시장에 개입한다. 시장개입은 국제기구와 주요 국가들의 묵인된 이해 아래 독자적으로 행사된다. 물론 이 과정에서 과도한 시장개입이 행사되면 환율 조작국가라는 비난을 받는다. 그러나 외환시장 개입은 심각한 시장왜곡을 유발할 수 있다. 이런 이유로 시장개입은 조심스럽게 접근한다.

한국은 환율 하락이 지나치게 빠른 속도로 진행하면 외환시장에 개입하였다. 시장개입으로 발생하는 달러의 매입 과정에서 시중 통화량 유출을 억제할 목적으로 환율방어용 외환평형기금채권을 발행한다.

외환평형기금채권의 가산금리(스프레드)는 한국의 대외 신인도를 가늠하는 대표적인 금리이다. 외평채 가산금리란 미국 재무부가 발행하는 국채를 기준으로 발행시장과 유통시장에서 거래될 때 더해지는 수익률이다. 가산금리가 떨어지면 채권가격이 올랐다는 것을 의미하고 금리가 오르면 채권가격 하락을 의미한다.

한국은 외환위기 발생 이후 1998년 4월 외환평형기금채권 발행 당시 가산금리가 5년 물이 3.45%, 10년 물이 3.55%였다. 그 이후 금융시장 불안이 가중되고 기업 부도가 늘어나면서 1998년 8월 중 연 10%까지 올라갔다. 위가가 다소 해소된 1999년 11월중에는 5년 물이 연 1.35%, 10년 물이 연 1.85%로 떨어졌다.

미국 국채 대비 가산금리 격차(단위: 미국국채 대비 %포인트); 1998년4월: 3.55(발행시점)/2004년5월28일: 0.51/2004년10월26일: 0.08/2004년11월29일: 0.05[2008년 만기 5년물 외환평형기금채권/매일경제신문, 2004.11.03.].

저자약력

저자 양 종 기(梁 鍾 基)

- 연세대학교 경제학과, 학사
- 독일 자유 베를린 대학교 Diplom-Volkswirt
- 독일 자유 베를린 대학교 경제학 박사
- 서경대학교(구 국제대학) 전임교수
- 현재 E&I Center 대표

❒ 저서와 주요 논문 및 연구보고서

- Die Crowding-Out Problematik im Rahmen der Kurz-und Langfristigen Analyse, Peter Lang, 1987(magna cum laude; 최우수 박사 논문).
- 기관투자가의 자산운용(공저), 국민연금연구센터, 1998년
- 한국의 자본시장과 경제발전(공저), FESKOR SYPOSIUM, 1988년
- 거시경제학, 원출판사, 2008년
- 화폐금융 국제금융, 원출판사, 2009년
- 시장경제와 경제이론, 원출판사, 2009년
- 알기 쉬운 투자론, 신론사, 2010년
- 경기 안정화와 재정지출 및 통화정책, 경상논총, 1987년
- 한국의 자본시장과 경제발전, 경상논총, 1988년
- 환율결정과 그의 변동, 투자금융, 1989년
- 토빈의 Q이론과 통화 및 공채 발행의 국민 경제적 파급 효과, 투자금융, 1989년
- 독일 지방재정과 지방의회에 대한 연구, 지원연구논문, 1992년
- 독일 연방과 주 및 게마인데(Gemeinde)의 공채관리에 관한 연구, 지원연구논문 1992년
- 스위스, 독일, 영국의 금융제도에 대한 비교 연구, 지원연구논문, 1995년
- 기관투자가의 자산운용, 지원연구 보고서, 1998년
- 독일 연방과 주 및 게마인데(Gemeinde)의 공채관리에 관한 연구, 연구보고서, 1992년
- 공채발행을 통한 재정금융정책의 효과에 대한 고찰, 한국산업 연구, 1992년
- 미국 단기금융시장에 관한 소고, 투자금융, 1994년
- 多資産市場, 實物市場, 財政政策, 서경대학교논문집, 1994년
- 스위스, 독일, 영국의 금융제도에 대한 비교 연구, 지역연구, 1996년
- 공채발행의 국민 경제적 파급 효과, 서경대학교 논문집, 1996년
- 유럽의 자산관리업과 은행 진출의 동향, 금융, 2002년
- 유럽금융의 구조적 특성과 은행대출경로, 산업경영연구, 2002년
- 최근 미국 은행산업의 변화와 추이, 금융, 2003년
- 재정정책이 경제성장에 미친 이론적인 고찰, 사회과학논문집, 2007년
- 한국 자본주의의 모습과 특성 및 성격, 2010년
- 국민행복시대는 열릴 것인가?, 도서출판 ONE, 2013년
- 달러와 한국경제, 도서출판 ONE, 2013년
- 한국의 부동산경제, 도서출판 ONE, 2013년
- 한국경제와 한국주식 투자, 도서출판 ONE, 2014년
- 세계경제 속 한미경제, 도서출판 ONE, 2014년
- 한국경제와 생활환경, 도서출판 ONE, 2015년
- 무책임한 정부, 불확실한 미래, 도서출판 ONE, 2015년

[양종기 박사의 경제이야기_9]

한국 금융시장 및 금융기관의 불안정과 비효율

초판 인쇄 • 2016년 3월 23일
초판 발행 • 2016년 3월 29일
저 자 • 양 종 기
발 행 인 • 정 성 열
발 행 처 • 도서출판 ONE
주 소 • 서울특별시 마포구 토정로 222
등 록 • 제313-2003-427호
전 화 • 02-323-8536
팩 스 • 02-323-8531

저자와의
협의하에
인지생략

ISBN 978-89-6481-300-3

정가 13,000원

- http://one-book.co.kr